W0346582

Carl-Auer-Systeme

Meinen Lesern und einer lieben Nichtleserin:
Angelika-Maria

Die Zukunft der Supervision – Die Zukunft der Arbeit

Kurt Buchinger

Aspekte eines neuen „Berufs"

1999

Über alle Rechte der deutschen Ausgabe verfügt Carl-Auer-Systeme Verlag und Verlagsbuchhandlung GmbH Heidelberg
Fotomechanische Wiedergabe nur mit Genehmigung des Verlages
Satz: Beate Ch. Ulrich
Umschlaggestaltung: WSP Design, Heidelberg
Printed in Germany 1999
Druck und Bindung: Kösel Druck, Kempten

Erste Auflage, 1999

Die Deutsche Bibliothek – CIP-Einheitsaufnahme

Buchinger, Kurt:
Die Zukunft der Supervision – Die Zukunft der Arbeit /
Kurt Buchinger. - 1. Aufl. - Heidelberg
: Carl-Auer-Systeme, Verl. und Verl.-Buchhandl., 1999
ISBN 3-89670-110-X

Inhalt

Einleitung

1. Wenn im Titel dieses Buches von der Zukunft der Supervision und ihres Gegenstandes, der Arbeit, die Rede ist, so mag das zu Mißverständnissen Anlaß geben – wie das immer der Fall ist, wenn eine Schrift von der Zukunft handelt. Man erhofft sich Prognosen, die Orientierung geben oder zumindest den Kitzel von Horoskopen bereiten. Solche Prognosen, plastisch ausgemalt und schlagkräftig formuliert, würden die Wahrscheinlichkeit erhöhen, daß dem Buch ein hoher Absatz beschert ist. Denn wir alle hegen den Wunsch, die Unsicherheit der Zukunft, wenn schon nicht zu beseitigen, so doch zu besänftigen. Zumindest soll sie mit einem gewissen Unterhaltungswert versehen werden. Gleichzeitig bereiten solche Prognosen sowohl unserem Freiheitsgefühl als auch der Lust, die Zukunft zu meistern, eine angenehme Steigerung. Denn sie erweisen sich meistens als falsch. Sie schränken unsere Möglichkeiten zu handeln daher nur dann ein, wenn wir naiv genug sind, uns nach ihnen zu richten. Die Trendforscher, die uns das virtuos vor Augen führen, haben in unsicheren Zeiten vermutlich deshalb Konjunktur, weil sie diese sehr unterschiedlichen Bedürfnisse gleichzeitig bedienen, und nicht deshalb, weil sie vorgeben, seriöse Äußerungen über die Zukunft zu tun.

Leider bin ich kein solcher moderner Prophet, auch nicht auf meinem Fachgebiet oder gerade nicht auf diesem. Denn die Vorhersagen von Experten liegen meist noch weiter daneben als die von Laien. Außerdem kann ich nicht umhin, meine Skepsis gegenüber dem Anspruch auf Besserwisserei, der mit solchen Prognosen verbunden ist, auf mich selbst anzuwenden. So verpasse ich mir ein Selbstbild von Redlichkeit, das ich hiermit sogleich strapaziert und zerstört habe. Damit bin ich frei, mich unter dem aus guten Gründen gewählten Titel mit den Fragestellungen zu beschäftigen, die ich für sinnvoll halte.

2. Die Supervision befindet sich in einer rasanten Bewegung, welche Offenheit und die Bereitschaft verlangt, sich auf unvorhersehbare Entwicklungen einzustellen. Das geht leichter, wenn man die Fähigkeit schärft, die gegenwärtigen Tendenzen genau zu beobachten, ihre Dilemmata und Ausweglosigkeiten zu verstehen und ihnen einen Sinn abzugewinnen. In dem Ausmaß, in dem das gelingt, nimmt die Notwendigkeit ab, den Status quo verteidigen oder fortschreiben zu müssen. Man kann sich leichter überraschen lassen, von dem, was sich ohnehin ergibt, wenn man nicht an einem vertrauten Bild von etwas festhalten muß, das man schätzt. Ohne Kosmetik betreiben zu müssen, kann man es dann auch weiter schätzen, wenn es ein neues Gesicht zeigt.

Ich beschränke mich daher im Folgenden weitgehend darauf, die gegenwärtigen Tendenzen und Widersprüche in der Supervision und in ihrem Gegenstand, der Arbeit, soweit zu verfolgen, wie sie mir für die Weiterentwicklung dieser Beratungsform wesentlich erscheinen. Dabei sind mir folgende Punkte wichtig:

Eine Besonderheit der Supervision liegt in der Eigenart des Verhältnisses von Autonomie und Abhängigkeit, das sie von Anfang an als Beratungsform auszeichnet. Hinsichtlich ihres Gegenstandes – der Reflexion bzw. Selbstreflexion beruflicher Arbeit – war sie bisher immer autonom. Was ihre Methoden betrifft, ist sie von Anfang ihrer Entwicklung an mit anderen Formen der Beratung vernetzt bzw. von ihnen abhängig.

Zunächst blieb dieses Verhältnis von Autonomie und Abhängigkeit im Hintergrund und wirkte sich dort vielleicht nicht so günstig auf Image und internes Selbstbewußtsein der Supervision aus. Denn ihre Methodenabhängigkeit wurde oft als Makel empfunden. Mit ihrem Erfolg und mit der enormen Ausweitung ihres Einsatzgebietes wird die Dialektik des Verhältnisses von Autonomie und Abhängigkeit auf eigenartige Weise virulent und verlangt selbst nach Reflexion. Es wirkt paradox, daß die Autonomie der Supervision gleichzeitig mit ihrer Zunahme abzunehmen scheint und ihre Abhängigkeit von anderen Beratungsformen deutlicher hervortritt. Hier ist vorwiegend die Supervision in Organisationen zu nennen, mit der die Frage der Abgrenzung der Supervision von der Organisationsberatung zu einer heiklen Angelegenheit wird.

Gleichzeitig gerät ihr traditioneller Gegenstand, die berufliche Arbeit, in eine eigenartige, für die Supervision folgenreiche Dialektik:

Einerseits setzt sich eine Tendenz, die unsere Tätigkeitsgesellschaft kennzeichnet, ungebrochen fort: Immer mehr Tätigkeiten werden als Arbeit definiert, unterliegen einer Professionalisierung und werden reflexiv, und das heißt anfällig für Supervision. Das hängt mit der Entinstitutionalisierung immer weiterer Bereiche gesellschaftlichen Lebens, den damit einhergehenden Individualisierungs- und Autonomieschüben zusammen. Waren die Abläufe in diesen Bereichen bislang dem Zugriff der beteiligten Personen und Gruppen weitgehend entzogen, so hängt ihre Gestaltung nun immer mehr von deren autonomer Tätigkeit, also von ihrer Arbeit ab.

Andererseits gerät die Arbeitsgesellschaft in eine Krise. Die ungelösten Widersprüche, die mit der Tendenz einhergehen, alle Tätigkeit als Arbeit zu definieren, zeitigen sichtbare Folgen. Nicht nur führt der Zwang, Arbeit immer effizienter zu gestalten, dazu, daß die Arbeit, wie es heißt, ausgeht.

Mit der Zunahme der Professionalisierung immer kleinerer Tätigkeitsauschnitte und der wachsenden Interdependenz der Professionen beginnt paradoxerweise auch eine Ablösung der Profession als Leitprinzip gesellschaftlicher Ordnung durch die Organisation – mit bislang unabsehbaren und unbewältigten Folgen.

Gleichzeitig finden sich erste Anzeichen für eine Lockerung bzw. Auflösung der engen Kopplung von beruflicher Arbeit und persönlicher Identität.

All das hat Auswirkungen auf die Supervision, die sie möglicherweise im Kern ihrer Identität treffen werden. Denn eine Neudefinition dessen, was bisher ihre Autonomie als Beratungsform ausmachte, nämlich ihres Gegenstandes, könnte ihre eigene Neudefinition bedeuten.

Nun scheint der Blick der Supervision bedauerlicherweise von dieser Entwicklung der Arbeit abgelenkt. Die Verwirrung über die Entfaltung der Dialektik von Autonomie und Abhängigkeit beansprucht zu viel Aufmerksamkeit. Hat die Supervision auf Grund der konstitutionell vorhandenen methodischen Abhängigkeit von anderen Beratungsformen immer schon Sorgen um ihr Prestige als eigenständige Beratungsform gehabt, so scheint die mit ihrem Erfolg einhergehende Zunahme ihrer Abhängigkeit nun eine Neigung zu kompensatorischen Reaktionen zu verstärken: Sie läuft Gefahr, auf der Welle ihres Erfolges ihre Autonomie einseitig hervorzuheben. Sie tut dies, indem sie versucht, sich in etwas altmodischer Form als Profession unter anderen und gegen andere Professionen am Markt durchzusetzen – und das ohne Not, was ihre Marktpräsenz betrifft. Denn kaum eine Beratungsform ist derart nachgefragt wie die Supervision. Und es gibt keinen Grund, sich diesbezüglich um die Zukunft Sorgen zu machen.

Allerdings besteht in dieser Situation Anlaß zu einer anderen Sorge: Die Supervision verstärkt ihre berufspolitischen Bemühungen, sich als eigene autonome Profession neben oder über verwandten Beratungsformen zu legitimieren und zu etablieren, gerade zu einem Zeitpunkt, da der genannte Wechsel von der Profession als Leitprinzip gesellschaftlicher Ordnung zur Organisation in Gang kommt. Sie bemüht sich, die Dialektik des Verhältnisses von Autonomie und Abhängigkeit gerade zu einem Zeitpunkt in Richtung Autonomie aufzulösen, da diese Dialektik für die Professionen das zukunftsweisende Prinzip ihrer Tätigkeit darzustellen beginnt – im Sinn ihrer organisierten professionsübergreifenden Kooperation. Damit läuft die Supervision Gefahr, ein Potential, das gerade sie in diese Richtung mitbringt und das sie gegenüber vielen anderen Professionen auszeichnet, nicht zu nutzen oder gar zu verspielen. Denn sie mißversteht es als Mangel. Gerade die Dialektik von Autonomie und Abhängigkeit, die der Supervision von Anfang an eignet und die sie immer schon mit anderen Beratungsformen vernetzt, würde sie dazu prädestinieren, der Organisation als neuem Leitprinzip gerecht zu werden.

Die folgenden Überlegungen beschäftigen sich mit den hier angedeuteten Fragestellungen. Sie wollen einerseits den Gegenstand der Supervision in einem größeren gesellschaftlichen Zusammenhang würdigen. Ihn zu sehen scheint gerade dann wichtig, wenn mit der Veränderung der Arbeitswelt einige Aporien der Arbeit deutlich hervortreten. Sie wollen andererseits sichtbar werden lassen, über welche Möglichkeiten die Supervision verfügt, den neu entstehenden Anforderungen an moderne Professionen mehr als gerecht zu werden, wenn sie nicht versuchen muß, die fruchtbare Dialektik von Autonomie und Vernetzung in Richtung Autonomie aufzulösen – was nur zu fruchtlosen Kämpfen um Markt und Dominanz im Feld der Beratung führt.

1. Die Zukunft der Supervision ist gebunden an die Zukunft der Arbeit

1.1 Zum Verhältnis von Gegenstand und Methode in der Supervision

Supervision weist eine Besonderheit auf, die sie von anderen Formen professioneller Beratung unterscheidet und die derart entscheidend für ihr Schicksal als eigenständige Beratungsform ist, daß sie uns im Laufe dieser Arbeit noch mehrmals beschäftigen wird: *Supervision ist ausschließlich definiert durch ihren Gegenstand und nicht (auch) durch die Methoden, deren sie sich bedient* (Weigand 1987).

Die von ihr eingesetzten Methoden weisen, laut Weigand, nichts Supervisionsspezifisches auf: „Alles, was wir an methodischen Instrumenten in der Supervision benutzen, sind Vorgehensweisen, wie sie in anderen Disziplinen entwickelt wurden und von den Supervisoren dann auch in der Supervision angewendet werden. … Ich kann nicht erkennen, daß wir uns in der Supervision an einer spezifischen, nur für diese Beratungsform praktizierten Methodik zu orientieren hätten. Es ist eher so, daß die Supervisoren aufgrund ihrer beruflichen Erfahrung, Vorbildung, Kompetenzen und persönlichen Interessen ihre eigene Methodik entwickeln, mit der sie für sich am ehesten glauben, das gemeinsame Suchen und Verstehen des Falles fördern zu können. Von vielen Supervisoren wird dies bedauert, da sie sich ein Methodenrepertoire wünschen, auf das sie sich in ihrem Handwerk stützen und verlassen können. Spezielle Methoden und Techniken sind ja auch die Kennzeichen und oft Statussymbole professioneller Berufe …" (ebd., S. 30).

Zwar spielen die Methoden in der Supervision eine Rolle. Man muß sie beherrschen, um als Supervisor bzw. Supervisorin professionell tätig sein zu können. Aber sie reichen gerade dafür nicht aus. Denn die Methoden machen nicht die Eigenart der Supervision aus, sind auch nicht ihr Besitz. Sie wurden und werden weiterhin in anderen Formen der Beratung entwickelt und von der Supervision aus diesen entlehnt. So unterscheiden sich Supervisoren auch in ihrer Arbeit je nachdem, ob sie psychoanalytisch, systemisch, gestaltpsychologisch, eklektisch usw. orientiert sind. Aber dieser Unterschied reicht nicht aus, um ihre Professionalität zu bestimmen, er macht bestenfalls ihre Schulzugehörigkeit sichtbar, welche eine brauchbare Voraussetzung supervisorischen Handelns sein kann, aber keineswegs seine zureichende Bedingung ausmacht.

Man kann als guter Psychoanalytiker, Systemiker, Gestaltberater usw. unter korrektem Einsatz der jeweiligen Methoden und Techniken in der Supervision ziemlich pfuschen (das geschieht auch öfter, als man geneigt ist, es wahrzunehmen). Ob man dies tut oder professionell vorgeht, hängt davon ab, ob es wirklich der Gegenstand der Supervision ist, den man (mit welchen Methoden auch immer) entsprechend seiner Eigendynamik „bearbeitet" – denn nur dann geht man als Supervisor bzw. Supervisorin lege artis vor. *Traditionell wird dieser Gegenstand der Supervision als berufliche Arbeit bezeichnet.*

Gegenstand der Supervision ist also nicht die (arbeitende) Person mit ihrer psychischen Dynamik. Gegenstand der Supervision ist ebensowenig ein soziales System, in dem die berufliche Tätigkeit ausgeübt wird, wie etwa eine Zwei-Personen-Beziehung, eine Gruppe oder ein Team, noch auch eine Organisation. Diese können Gegenstand anderer Formen der Beratung sein, wie etwa der Psychotherapie, der Gruppendynamik oder der Organisationsberatung.

Gegenstand der Supervision ist berufliche Tätigkeit. Diese wird zwar von Personen, die miteinander interagieren, von Gruppen bzw. in diesen und in immer weiterem Umfang in Organisationen mit ausgeprägter Eigendynamik ausgeübt. All diese Momente stehen in vielfältiger Wechselwirkung, die es zu verstehen gilt, dort wo man die berufliche Arbeit einer Reflexion zuführen will. Sowohl die Personen als auch ihre Interaktionen, die Gruppe und die Organisation haben ihren bestimmenden Einfluß auf die Arbeit, ebenso wie sich die Arbeit ihrerseits auf die Personen auswirkt und in den Interaktionen niederschlägt, die Gruppendynamik beeinflußt und in die Organisation ausstrahlt.

Daher werden sowohl die Psychodynamik der arbeitenden Person als auch die Interaktionsdynamik der beruflichen Kommunikation, die Gruppendynamik der Teamarbeit und die Organisationsdynamik in der Supervision ihre Beachtung finden – ohne daß sie deshalb einzeln oder in Summe zum Gegenstand der Supervision werden.

Gelegentlich geschieht es dennoch, daß die soeben genannten Systeme zum Gegenstand der Supervision werden: Ohne daß man den Übergang im Laufe der supervisorischen Arbeit recht merkt, hören sie auf, als wesentliche Aspekte und Elemente des Verständnisses der vorgelegten beruflichen Arbeit einer Reflexion zugeführt zu werden. Sind sie dann in ihrer jeweiligen Eigendynamik als psychische oder soziale Systeme für sich in den Vordergrund getreten, so hat sich die Supervision unauffällig entweder in Richtung psychotherapeutischer Beratung oder Analyse von Kommunikationsprozessen bzw. angewandter Gruppendynamik oder Organisationsberatung gedreht – ohne daß sie wirklich in der Lage wäre, zu Psychotherapie, Gruppendynamik oder Organisationsberatung zu werden. Sie pfuscht dann sowohl auf den Gebieten, in die sie sich hineinbegibt, als auch auf ihrem eigenen.

Will man daher die Entwicklung der Supervision als einer eigenständigen Beratungsform verstehen, so gilt es, sich mehr an der Entwicklung der Arbeitswelt zu orientieren als an der Entwicklung von Beratungsmethoden. Gleichzeitig bezeichnet diese Prioritätensetzung ein komplexes Wechselspiel zwischen beiden Entwicklungen:

Zwar sind die Möglichkeiten des professionellen Handelns der Supervision an die vorhandenen Methoden gebunden. Die Grenzen ihrer professionellen Handlungsfähigkeit werden daher von der anderswo stattfindenden Entwicklung des Methodenrepertoires gezogen. Aber in ihrer Eigenständigkeit als Beratungsform wird sie davon nicht betroffen.

Gelegentlich besteht auch ein engerer Zusammenhang zwischen der Entwicklung ihres Gegenstands und den zur Verfügung stehenden Methoden. Denn bestimmte Methoden werden erst entwickelt, wenn entsprechende Veränderungen in einem sozialen System einen Beratungsbedarf und damit bisweilen einen neuen Objektbereich der Beratung entstehen lassen, zu dessen Abdeckung die vorhandenen Beratungsmethoden und ihre Schwerpunkte nicht mehr ausreichen.

Dieses Wechselspiel von Methode und Gegenstand läßt sich an der *Geschichte der Supervision in Organisationen,* einer für das Schicksal der Supervision als eigenständiger Beratungsform entscheidenden Entwicklung, illustrieren.

Der Supervision wurde berufliche Tätigkeit, die in Organisationen ausgeübt wurde, bereits zu einer Zeit vorgelegt, als diese Organisationen noch weitestgehend institutionell fest gefügt und abgesichert und deshalb weder Gegenstand ihrer Selbstreflexion noch der Reflexion einer eigenen Beratungsform waren, als die Organisationsberatung also weder ihren theoretischen Hintergrund noch ihre Methoden ausreichend entwickelt hatte. Dennoch nahm die Supervision manche Auswirkung der Organisation auf die ihr vorgelegte Arbeit wahr.

Um aber berufliche Tätigkeit, die in Organisationen durchgeführt wird, in ihrer organisationsbezogenen Dynamik angemessen verstehen und reflektieren zu können, bedarf es so etwas wie Organisationsbewußtsein, also der Fähigkeit, in relativ personenunabhängigen Prozessen und Strukturen zu denken und zu intervenieren (Buchinger 1998b). Die Kenntnis der Psychodynamik der tätigen Personen bzw. der Kommunikations- und Gruppendynamik ihrer Interaktion reicht dazu nicht aus. Solange die notwendigen Kenntnisse und Methoden durch die Organisationsberatung nicht zur Verfügung gestellt werden konnten, weil diese sie selbst noch nicht zur Verfügung hatte, konnte die Supervision die längste Zeit auch nur auf diese Dimension hinweisen, ohne über die Fähigkeit zu verfügen, ihr methodisch gerecht zu werden. Und sie tat dies, indem sie den „institutionellen Faktor" monierte.

Das mußte aus zwei Gründen für längere Zeit hilflos wirken: Erstens beruhte die Rede vom „institutionellen Faktor" auf einer mangelnden Differenzierung zwischen Institution und Organisation. Zweitens war zwar viel und lange Zeit vom „institutionellen Faktor" die Rede, aber das hatte in der Praxis der Supervision, die sich weiterhin auf Person und Interaktion im Arbeitsprozeß konzentrierte, keine Auswirkungen. (Beides ist verständlich und schmälert in keiner Weise das Verdienst der Supervision, zu einem sehr frühen Zeitpunkt auf den Einfluß dieser neuen Dimension ihrer Tätigkeit aufmerksam gemacht zu haben. Es zeigt bloß ihre methodologische Abhängigkeit von anderen Beratungsformen.)

Warum war die Rede vom „institutionellen Faktor" anstatt von der Organisation?

Man kann Organisation als ein Set von Strukturen und Prozessen definieren, das der arbeitsteiligen und effizienten Lösung von Aufgaben dient. Traditionelle Organisationen waren als stabile, dauerhafte Gebilde durch maximale Institutionalisierung ihrer internen Strukturen und Prozesse gekennzeichnet. Einmal festgelegte und normierte Einteilungen und Abläufe sollten durch ein ausgeklügeltes System von Regeln und Normen und ein entsprechendes Reflexionstabu vor dem Zugriff der Beteiligten bewahrt und außer Streit gestellt werden. Organisation war weit entfernt davon, ein Gegenstand der Selbstreflexion zu sein. Organisation war praktisch gleichgesetzt mit ihr selbst als Institution. Daher ist auch verständlich, daß beide Begriffe auswechselbar zur Bezeichnung von Organisation verwendet wurden.

Zwar blieb die institutionalisierte Organisation ein für den Mitarbeiter unfaßbares Gebilde, dennoch hatte sie wahrnehmbare, tiefgehende Auswirkungen auf ihn und seine Arbeit. Aber aus dem genannten Grund waren diese Auswirkungen in ihrem Organisationsbezug nicht differenziert faßbar und reflektierbar. So konnte die angemessene Reflexion der Organisation in der Supervision lange Zeit nur als der ominöse „institutionelle Faktor" benannt und die Aufmerksamkeit dafür eingefordert werden.

Es nützte der Supervision praktisch nichts, daß sie in der Lage war, in ihrem Gegenstand einen Unterschied wahrzunehmen, der eigenständige Bearbeitung verdiente, solange sich noch keine eigene Beratungsform entwickelt hatte, die über entsprechende Methoden der systematischen Erfassung und Gestaltung dieses Unterschiedes verfügte. Die Supervision mußte ihre professionellen Interventionen weiterhin auf die Personen- und Interaktionsebene beschränken, für deren Reflexion sie die entsprechenden Methoden, die bereits anderswo entwickelt waren, borgen konnte.

Diese Situation konnte sich für die Supervision erst ändern, als sich die Organisationsberatung als eigenständige Beratungsform, definiert durch Gegenstand und Methodenrepertoire, ausreichend etabliert hatte. Das wiederum konnte erst geschehen, als der Prozeß der Entinstitutionalisierung auch die Organisationen weitgehend erfaßt hatte und sie ausreichend in Bewegung geraten waren, so daß ihre Gestaltung und Umgestaltung und schließlich die permanente Neugestaltung ihrer internen Verhältnisse und ihrer Umweltrelationen zur anspruchsvollen reflexiven Aufgabe geworden war. Erst dann war Organisation als ein spezifisches soziales System reflektierbar, das weder auf die in ihm arbeitenden Personen noch auf deren Interaktionen zu reduzieren oder aus ihnen abzuleiten war, sondern eigenen Funktionsgesetzmäßigkeiten folgte.

Das Theorieverständnis der Organisationsberatung, ihr Diagnose- und Interventionsinstrumentarium waren zwar die Voraussetzung dafür, daß Supervision in Organisationen beginnen konnte, dem an sie gestellten Anspruch professionell gerecht zu werden. Aber daß Supervision in Organisationen als eine Form der Supervision mit einem neuen, organisationsbezogenen Fokus derart in Anspruch genommen wird, hängt nur indirekt mit der Entwicklung von Theorien und Methoden der Organisationsberatung zusammen. Denn nachgefragt wird Supervision in Organisationen deshalb, weil in ihnen immer mehr Arbeit durchgeführt wird, die der professionellen Reflexionshilfe bedarf.

Dennoch ist das Verhältnis der Supervision zur Organisationsberatung alles andere als entspannt und geklärt. Es hat Auswirkungen, wenn schon nicht auf die Frage ihrer Eigenständigkeit als Beratungsform, so doch auf ihren Anspruch, einen eigenen Beruf darzustellen. Damit mag in Zusammenhang stehen, daß sie gelegentlich versucht, ihr Verhältnis zur Organisationsberatung auf recht eigenwillige Art und Weise zu definieren: Da sie, wie gesagt, schon die längste Zeit vor der differenzierten Entwicklung der Organisationsberatung mit der Dimension der Organisation in ihrem Gegenstand konfrontiert war, neigt sie dazu, in Verkennung ihres Gegenstandes, aber mit munterem Blick auf den Markt, sich als Organisationsberatung auszugeben. Wir werden später noch auf diese Fragen zurückkommen.

1.2 Gegenstand der Supervision sind Tätigkeiten mit reflexivem Charakter

Legt man das Unterscheidungskriterium, von dem wir ausgegangen sind (Supervision wird durch ihren Gegenstand bestimmt, nicht durch ihre Methoden), zugrunde, so kann man feststellen, daß die bisherige Entwicklung der Supervision entlang charakteristischen Veränderungen in der Arbeitswelt verlaufen ist. Die Schritte ihrer Professionalisierung und Ausdifferenzierung gehen parallel zur Zunahme der Bedeutung, welche Reflexivität in immer mehr beruflichen Tätigkeiten und sozialen Systemen erfährt, in denen berufliche Arbeit verrichtet wird.

Also nicht jede berufliche Arbeit bedarf der Supervision als Beratungsform, nicht jede Arbeit eignet sich dazu, Gegenstand der Supervision zu sein. *Es geht vielmehr um diejenige Art von Arbeit, deren Erfolg maßgeblich bestimmt ist durch eine prozeßhafte Gestaltung der Beziehung zum Objekt der Tätigkeit bzw. zur relevanten Umgebung der beruflichen Tätigkeit oder durch die Gestaltung der Beziehung dieser Arbeit zu anderer Arbeit.* Die autonome und professionelle Gestaltung derartiger Beziehungen durch den Arbeitenden oder das arbeitende System (das Team, die Organisationseinheit) muß einen integralen Teil der beruflichen Tätigkeit ausmachen (Giesecke u. Rappe-Giesecke 1997, Kapitel 1).

Arbeiten dieser Art haben sich in den letzten Jahrzehnten rasant vermehrt. Dazu gehören alle Arbeiten mit Klientenkontakt. Es kann sich um Arbeit handeln, die ausschließlich in der Gestaltung dieses Kontaktes besteht, wie das in der Psychotherapie und anderen Formen der Prozeßberatung der Fall ist. Es kann sich auch um Arbeit handeln, in der die Gestaltung des Klientenkontaktes nur ein Element darstellt neben anderen wichtigen Elementen, aber eines, von dem der Erfolg der anderen Elemente wesentlich mitbestimmt wird. Dazu zählen die meisten ärztlichen und pflegerischen Tätigkeiten, lehrende Berufe, Sozialarbeit, Parteienverkehr in Ämtern, rechtsanwaltliche Tätigkeit und vieles mehr. Dazu gehört auch alle Führungstätigkeit, und zwar nicht nur als Menschenführung im engeren Sinn, sondern auch als Steuerung von Organisationen bzw. deren Subsystemen (Abteilungen, Instituten, Teams etc.). Aber auch viele Arbeit in und außerhalb von Organisationen muß hier genannt werden, soweit sie ihre Vernetzung mit anderen Tätigkeiten (von denen ihr Erfolg abhängt) selbst vornehmen muß (Teamarbeit und andere Arten von horizontaler Kooperation).

Alle genannten Tätigkeiten können nur mittels Reflexion auf sich selbst gelingen. Reflexion und Selbstreflexion beruflichen Handelns sind hier nicht mehr bloß eine den Menschen allgemein charakterisierende Begleitmusik seines Tuns, das auch ohne sie ans Ziel kommt. Reflexion und Selbstreflexion sind vielmehr konstitutiv für seine erfolgreiche professionelle Durchführung.

Ihre Reflexivität stürzt berufliche Arbeit in einen unaufhebbaren Zwiespalt, der sie anfällig macht für Supervision: Einerseits gilt es, tätig zu sein, andererseits gilt es, dieses Tätigsein gleichzeitig zu reflektieren, um tätig sein zu können.

1.3 Supervision als professionelle Reflexionshilfe

Anschließend an das Gesagte, kann man Supervision als professionelle Reflexionshilfe reflexiv gewordener Arbeit definieren. *Als solche fügt sie ihrem Gegenstand nur das hinzu, was ohnehin schon zu ihm gehört, in ihm enthalten ist.*

Das klingt nicht gerade nach ausreichender Legitimation für eine Tätigkeit, die beansprucht, selbst professionelle Arbeit zu sein. Dennoch gibt es gute Gründe dafür, daß Supervision als professionelle Reflexionshilfe in Anspruch genommen und ausgeübt wird.

1. Obwohl immer mehr berufliche Tätigkeiten reflexiv werden oder zumindest reflexive Anteile beinhalten, bleibt die Reflexion, die zu ihrer Durchführung nötig ist, weitgehend ein Fremdkörper in der Arbeitswelt.

Die reflexiven Anforderungen entwickeln sich schneller als die mit der professionellen Ausübung der Tätigkeiten verbundenen reflexionsfördernden Bedingungen. Weder werden reflexive Fähigkeiten entwickelt noch die entsprechenden Haltungen gefördert noch auch organisatorische Bedingungen und Möglichkeiten für die nötige Reflexion der Arbeit zur Verfügung gestellt.

Nach wie vor dominiert in der Arbeit die Resultatorientierung, die den Tätigkeiten entsprochen hat, solange sie nach anwendbaren Regeln operierende Tätigkeiten waren, die an ihrem Arbeitsgegenstand meßbare Manipulationen vornahmen – berufliche Tätigkeiten, die, wenn es gutging, in einem stromlinienförmig konstruierten reflexionsfreien System der Arbeitsabläufe organisiert waren.

Unausgesprochen lautet daher immer noch die Alternative: Entweder handeln, tun – oder darüber nachdenken. (Man stelle sich einen Mitarbeiter in einer Organisation vor, der mehrmals hintereinander von seinem Chef angetroffen wird, wie er in die Luft schauend vor seinem leeren Schreibtisch sitzt, und auf die Frage, was er tue, antwortet, er komme dem reflexiven Anteil seiner Tätigkeit nach. Vermutlich wird sein Job ab diesem Zeitpunkt gefährdet sein.)

Es gilt daher, die Fähigkeit der Selbstreflexion beruflichen Handelns, wo sie noch nicht entwickelt ist, zu schulen, sie wiederherzustellen, wo sie verlorengegangen ist, und ihren immer gefährdeten Bestand zu sichern, wo ihr Dauereinsatz verlangt wird. Supervision ist eine Reflexionshilfe in einem solchen anspruchsvollen Prozeß.

Es kann keine Reflexion in nicht-Reflexive Berufe fließen ..?

2. *Viele Tätigkeiten erhalten, sozusagen unterderhand, einen reflexiven Anteil im Laufe der Veränderung der Anforderungen an die Arbeit bzw. an die Organisation, in der sie durchgeführt werden.*

Aus operativen, kontrollierenden, delegierenden Arbeiten werden oft unerwartet und unbemerkt reflexive Tätigkeiten. Zumindest wird ehemals rein fachlichen Tätigkeiten eine reflexive Komponente hinzugefügt, ohne daß diese Veränderung sogleich auffällt, geschweige denn, daß man sich auf die neuen Anforderungen einstellen könnte. Im Gegenteil, entspricht man der reflexiven Komponente der Arbeit, so wird das oft als Defizit erlebt, weil man sich nicht ausschließlich auf die fachliche Tätigkeit konzentriert.

Dazu einige Beispiele. Durch entsprechende Veränderungen in den Organisationen sind aus Vorgesetzten, die (neben ihrer hauptsächlich fachlichen, operativen) eine delegierende und kontrollierende Tätigkeit wahrzunehmen hatten, Führungskräfte geworden. Deren Aufgabe besteht in der professionellen Steuerung von sozialen Situationen, also einer hochreflexiven Tätigkeit. Dennoch setzen sie oft weiterhin den Schwerpunkt ihrer Arbeit in die Erledigung fachlicher Aufgaben.

Als anderes Beispiel für ehemals rein fachliche Tätigkeiten, denen im Laufe ihrer fachlichen Weiterentwicklung ein reflexiver Anteil hinzugefügt wurde, können die meisten hochkarätigen Expertentätigkeiten genannt werden. Man denke etwa an die verschiedenen in einer Klinik vertretenen medizinischen Fächer. Zu Zeiten eines geringeren internen Ausdifferenzierungsgrades der Medizin war der Chirurg in der Ausübung seines hochspezialisierten Handwerks autonomer, als er es heute ist. Er kann seine Aufgabe heute nur mehr fachgerecht durchführen, wenn er mit anderen Spezialisten kooperiert (der Pathologe muß sein Urteil über die Gewebeprobe abgegeben haben, der Internist über die Operierbarkeit des Patienten befinden, der Anästhesist muß greifbar sein usw.). Gelingt es ihm nicht, jenseits seiner fachlichen Expertise die Beziehung zu seinen Kollegen und Kolleginnen aus den anderen Fächern so zu gestalten, daß diese bereit sind zu kooperieren (daß der Anästhesist z.B. auch außerhalb seiner Dienstzeit zur Verfügung steht), so kann er sein Handwerk nicht ausüben, auch wenn er der beste Spezialist seines Faches ist. Wie das in der Realität oft geschieht, muß er mangels gelingender Kooperation eine Operation absagen.

Ein weiteres Beispiel stellt der Lehrberuf dar. Gegenüber der rein fachlichen Kompetenz hat im Laufe der Zeit die Vermittlungskompetenz der Lehrer und Lehrerinnen (also die Kompetenz, soziale Situationen zu steuern) an Bedeutung zugenommen.

In allen diesen Fällen wird man die neue, reflexive Komponente erst im Laufe und während der Arbeit wahrnehmen lernen – was noch lange nicht heißt, daß man auch über die nötige reflexive soziale Kompetenz verfügt, um den neuen Anforderungen praktisch zu entsprechen.

3. *Die Gleichzeitigkeit von Tun und Reflektieren des Tuns erzeugt einen dauerhaften Spannungszustand, der ebenso dauerhaft die Tendenz hat, sich zu entspannen.*

Es gibt Berufe, deren Reflexivität weder durch unbrauchbare Arbeitshaltungen noch durch inadäquate organisatorische Vorgaben behindert ist; Berufe, deren Reflexivität noch auch deshalb zu kurz kommt, weil sie sich erst im Lauf der Berufsentwicklung unauffällig eingeschlichen hat. Gemeint sind viele helfende und alle beratenden Berufe. Deren Reflexivität stellt einen integrierten, anerkannten Bestandteil des Alltags der beruflichen Tätigkeit dar oder gar deren Hauptgeschäft. Und dennoch bleibt sie auch dort ein gefährdetes Unterfangen, das Unterstützung und Reflexionshilfe verdient.

Denn diese Tätigkeiten verlangen die Gleichzeitigkeit von Drinnensein (in der sozialen Situation, die man reflexiv gestaltet) und Draußensein (die Situation, in der man sich befindet, von außen betrachten, damit man sie steuern kann). Reflexive Tätigkeit stellt so etwas wie das Paradox eines Bogens dar, der gleichzeitig schießt (wodurch er sich üblicherweise entspannt) und dennoch seine Spannung, die es ermöglicht hat zu schießen, aufrechterhält. Es gehört Kraft und ein Sinn für Spannung und Widerspruch dazu, ihn nicht aus dieser Position zu entlassen. Supervision als Reflexionsunterstützung hilft, diese Kraft zu trainieren bzw. die Spannung, wo sie verlorengegangen ist, wiederherzustellen.

4. *Durch das Reflexivwerden ehemals nichtreflexiver Tätigkeiten entstehen im Berufstätigen gelegentlich zwei oder mehrere einander widersprechende Rollen, die gerade in ihrem Gegensatz aufeinander angewiesen sind.*

Als Beispiel eines solchen Rollenwiderspruchs wäre die Professionalisierung der Sozialarbeit zu nennen, in deren Folge die Supervision die ersten Schritte ihrer eigenen Professionalisierung getan hatte. Aus den sogenannten „Fürsorgerinnen", die in ihrem Sprengel mehr oder weniger eine amtliche Kontrollaufgabe wahrgenommen hatten, waren professionelle Beraterinnen mit einem diplomierten Ausbildungsabschluß geworden. Die neue Professionalität lag in einer anspruchsvollen reflexiven Tätigkeit, die alte Kontrollaufgabe blieb allerdings weiterhin erhalten. Beides stand zueinander in einem Gegensatz, der sich auf jede der Tätigkeiten hinderlich auswirkte.

Nun gehören analoge Rollenwidersprüche heute in vielen Berufen zum Arbeitsalltag. Die Berufstätigen müssen diese aktiv und reflexiv gestalten, auch wenn sie dem unreflektierten Wunsch zuneigen, sie zu beseitigen. Die Gestaltung dieser Rollenwidersprüche verlangt ein hohes Ausmaß an begleitender Reflexion, die durch Supervision unterstützt werden kann.

5. Neben dieser eher gut wahrnehmbaren Auswirkung wachsender Komplexität beruflicher Arbeit nimmt auch die Komplexität von Organisationen zu.

Das hat Auswirkungen auf die Arbeit, die nicht so leicht diagnostizierbar sind. *Denn Organisation wahrzunehmen und mit ihr im beruflichen Alltag reflexiv umzugehen bleibt auch dann eine schwierige und anspruchsvolle Aufgabe, wenn man bereits gelernt hat, Arbeitsbeziehungen reflexiv zu gestalten.* Die Wahrnehmung des organisatorischen Einflusses auf die Arbeit steht sogar gewissermaßen im Widerspruch zur Wahrnehmung der Interaktionsdynamik in den Arbeitsbeziehungen – in einem analogen Widerspruch, wie es der zwischen personenorientierten und funktionsorientierten sozialen Systemen ist. Auch hier ist Reflexionshilfe aus Gründen der Komplexität der reflexiven Aufgabe angesagt. Das hat zur Entwicklung der organisationsbezogenen Supervision als einer eigenen Form der Beratung geführt.

1.4 Veränderungen und Umbrüche in der Arbeitswelt – Veränderungen in der Supervision. Eine Skizze

Unsere Arbeitswelt befindet sich in einem Umbruch unübersehbaren Ausmaßes. Weder kann man eine eindeutige Richtung noch den Endpunkt einer Entwicklung feststellen. Das ist bei Tempo und Unberechenbarkeit der Veränderungen heute nicht möglich. Symptome dieses Umbruchs, die auf weitreichende gesellschaftliche Veränderungen hindeuten, sind allerdings feststellbar. Soweit sie von Bedeutung für die Supervision zu sein versprechen, seien sie hier erwähnt. Einige von ihnen werden später einer ausführlichen Würdigung zugeführt werden.

1.4.1 Die Fortschreibung der bestehenden Trends führt zur qualitativen Veränderung beruflicher Arbeit

Zunächst scheint offensichtlich, daß sich die berufliche Arbeit weiter in die Richtung verändern wird, die schon bisher den Bedarf nach Supervision derart vielfältig und differenziert hat anwachsen lassen. Es ist anzunehmen, daß die Reflexivität beruflicher Arbeit weiter zunimmt, ohne daß die entsprechende reflexive Kompetenz zur Selbstverständlichkeit wird. Man kann also eine weiterhin steigende Nachfrage nach Supervision erwarten. Vermutlich wird mit der Vermehrung der Ansprüche an die Professionen auch die ohnehin umfangreiche Aufgabenpalette der Supervision (in der Ausbildung; berufsbegleitende, problemlösende Supervision; Einzel-, Team-, Organisations-, Leitungssupervision usw.) um neue Aufgaben erweitert, die über ihre bisherigen Aufmerksamkeitsschwerpunkte hinausweisen.

Aber auch die Fortschreibung der bestehenden Trends scheint paradoxerweise nicht so sehr zu einer weiteren Festigung der vertrauten Vorstellung von beruflicher Tätigkeit zu führen, sondern zu ihrer tiefgehenden Revision. Das muß seine Entsprechung in der Supervision finden. Nicht nur wird sich das Repertoire der Supervision erweitern, es werden ihr neue Orientierungen abverlangt, die möglicherweise überhaupt zur Revision der etablierten Vorstellungen ihres Gegenstandes (berufliche Arbeit) führen.

Die Ansprüche an die primäre fachliche Kompetenz werden in allen Berufen steigen. Aber allein diese zu erfüllen wird immer weniger ausreichen. Fachliche Kompetenz wird noch mehr als bisher ergänzt werden müssen um professionelle soziale Kompetenz in der Gestaltung und Steuerung der Arbeitsprozesse. Dieser Steuerung werden verschiedene Aufgaben zugemutet. Die primäre professionelle Aufgabe, die Betreuung des unmittelbaren Arbeitsgegenstandes (des jeweiligen Klienten, des Schülers, des Patienten, des Mitarbeiters, des Kunden usw.) verlangt Steuerung der Arbeitsprozesse. Aber auch die Kooperation mit anderen Professionen, die aufgrund der weiteren Professionalsierung immer kleinerer Differenzen immer notwendiger wird, bedarf der sorgfältigen Steuerung. Das hat Folgen

1. für den Einsatz von Teamarbeit,
2. für das Verhältnis zwischen Professionellen und Laien und
3. für die Bedeutung und Stellung von Organisationen.

1.4.2 Zum Funktionswandel der Teamarbeit und den neuen Anforderungen an Teamfähigkeit

Teamarbeit gelangt vor allem deshalb in der Arbeitswelt seit langem zum Einsatz, weil immer weniger qualifizierte Arbeit als Einzelarbeit durchgeführt werden kann. Neuerdings sieht sie sich mit Aufgaben konfrontiert, die weit über das Gewohnte hinausgehen und einem Strukturwandel der Anforderungen an sie gleichkommen (Wimmer 1998).

1. Teamarbeit gelangt heute in immer mehr Funktionen zum Einsatz. Teamarbeit war ursprünglich für diejenigen fachlichen Tätigkeiten angesagt, deren Aufgaben so komplex geworden sind, daß sie nur mehr in nicht-hierarchischer Kooperation mit anderen Tätigkeiten zu bewältigen waren. Meist fand Teamarbeit *in* Organisationen statt, die Organisationen selbst waren nicht Gegenstand von Teamarbeit. Heute stellt die Steuerung von Organisationen und Organisationseinheiten ihrerseits derart komplexe Aufgaben dar, daß man die Mühen der Teamarbeit auf sich nimmt, um sie bewältigen zu können. Auch weitreichende strategische Entscheidungen überfordern heute die Kapazität von Einzelpersonen. Dementsprechend gelangen Teams vermehrt als organisationsbezogene Steuerungs- und Entscheidungsinstrumente zum Einsatz.

2. Anforderungen veränderter Organisation schlagen auf Strukturprinzipien der Teamarbeit durch.

Früher stand Teamarbeit in einem klassischen Gegensatz zur Organisation. Es galt, diesen Widerspruch zwischen Team als personenbezogenem und Organisation als funktionsorientiertem sozialen System immer wieder zu bewältigen. Heute hingegen findet sich dieser Widerspruch in den Strukturprinzipien der Teamarbeit selbst. Er muß als Teamproblem bewältigt werden.

Bisher konnte der Einfluß der Organisation auf Teams als illegitimer Eingriff in deren Eigengesetzlichkeit aufgefaßt und in der Supervision reflektiert werden. Man konnte darauf hinweisen, daß Teams einer gruppendynamischen und keiner organisatorischen Logik folgen, und sie gegen Störungen durch die Organisation zu schützen suchen. Man konnte die Toleranz für die Unvermeidlichkeit solcher Störungen fördern. Heute sieht das anders aus: Mit der höheren Flexibilität, die von Teams in Organisationen erfordert wird, und den vielfältigeren Funktionen, die ihnen zukommen, kann es nicht ausbleiben, daß der Widerspruch der Organisation zum Team ein mehr oder weniger integraler Bestandteil des Teams selbst wird.

Das zeigt sich etwa folgendermaßen: Da Teams in sehr unterschiedlichen Funktionen und Konstellationen in Organisationen zum Einsatz gelangen, wird den Mitarbeitern und Mitarbeiterinnen abverlangt, gleichzeitig zu mehreren Teams unterschiedlicher Zusammensetzung zu gehören. Ohne große teambildende Vorbereitungsarbeit muß man fähig sein, in immer wieder wechselnden Teams zu arbeiten. Man muß in der Lage sein, je nach Problemstellung eine Teamzusammensetzung vorzunehmen, die sowohl der Aufgabe als auch der Realität der Organisation angemessen ist. Ebenso ist die Bereitschaft gefordert, die personelle Zusammensetzung während der Teamarbeit zu verändern.

Dazu reicht die herkömmliche, gruppendynamisch trainierte Teamfähigkeit nicht aus. Eine Haltung, die so etwas wie das Paradox einer virtuellen organisatorischen Teamzugehörigkeit ermöglicht, muß sowohl bei den einzelnen Mitarbeitern, in den einzelnen Teams als auch in der gesamten Organisation als Teil der Kultur verankert sein. Das verlangt nach neuen Konzepten, mit denen man Prozesse und Probleme im Team verstehen und beurteilen kann.

1.4.3 Das neue Verhältnis von Profession und Laientum: Professionen weichen der Organisation

Mit ihrer Tendenz, jede Tätigkeit in immer weitere Teile zu zerlegen, hat die Hierarchie den Prozeß der Spezialisierung befördert. Die funktionale Ausdifferenzierung der Gesellschaft führt die Spezialisierung nun an eine Grenze, an der vieles, was sie ausmacht, nicht mehr gilt. Es gilt vielmehr das Gegenteil.

Die wissenschaftlich fundierten Spezialgebiete vermehren sich und differenzieren sich intern. Jedes Fach wird in sich derart komplex, daß es in immer weitere Teilgebiete zerfällt, deren Betreuung entsprechenden Spezialisten obliegt. Die Zahl der Professionen nimmt ebenso zu wie Spezialisierungen innerhalb jeder Profession.

Über einen längeren Zeitraum hinweg bewirkt diese fachinterne Ausdifferenzierung, daß das Spezialistentum als Garant einer Steigerung der Effizienz fachspezifischer Problemlösungen gehandelt wird. Ab einem bestimmten Punkt allerdings schlägt die Situation um: Wenn der entsprechende Spezialbereich sehr klein, das innerhalb seiner Grenzen angesammelte Wissen aber sehr groß geworden ist, dann stellen sich die wirklichen Probleme als zu groß dar, um durch einen Spezialisten einer Lösung zugeführt werden zu können. Denn sein Wissen und Können deckt nur einen Ausschnitt davon, diesen allerdings höchst professionell, ab.

Multiprofessionelle, multimethodische Teams werden zum Schlagwort – und bleiben es häufig auch. Denn entsprechend der hier beschriebenen Dynamik der Spezialisierung konnte keine Professionalität zur Bewältigung eines größeren Gesamtproblems entwickelt werden. Man ist auf die Kooperation der Professionellen angewiesen. Diese ist aber im Prozeß der Ausdifferenzierung der Professionen nicht vorgesehen. Sie kann nicht nach den Prinzipien einer der vertretenen Professionen zustande kommen und erfolgreich sein.

Damit erfährt die Professionalität eine gravierende Relativierung ihrer Bedeutung. Die Organisation des Austauschs zwischen den Professionen ist vorrangig geworden. Von ihr wird das Zustandekommen brauchbarer Lösungen mehr abhängen als von den einzelnen Professionen. Denn ohne gelingende Vernetzung können sie zur Lösung realer Probleme nicht viel beitragen. Gelingt die Vernetzung, so sind die Professionen von ihr abhängig.

Wichtiger allerdings wird diese Frage der Organisation nicht anstelle der Professionen, sondern unter der Voraussetzung des Vorhandenseins und der weiteren Entwicklung der Professionen. Professionalität bleibt zwar unverzichtbar, wird aber zu einem untergeordneten Aspekt gegenüber der Frage angemessener Organisation ihrer Kooperation.

In diesem Sinne kann man sagen, daß die Profession als das bislang die Moderne dominierende Prinzip sozialer Ordnung (paradoxerweise wegen seines großen Erfolges) abgelöst wird durch die Organisation.

Was hier etwas theoretisch klingt, erfährt man laufend im Alltag. Zumindest erlebt man die Relativierung der Profession, wenn auch noch nicht die Dominanz der Organisation. So z. B., wenn man als Laie verschiedene Ärzte unterschiedlicher fachlicher Provenienz konsultiert. Der Chirurg sagt operieren, der Internist sagt konservativ behandeln, der Psychosomatiker schlägt vor, Familienprobleme anzusehen, der Orthopäde findet den Grund in der Lenden- oder Halswirbelsäule, der Homöopath spricht von blockiertem Energiefluß usw. Da es keine fachübergreifende Kooperation und Teamarbeit gibt, muß der Laie seine Entscheidung jenseits irgendeiner fachspezifischen Professionalität treffen.

Man denke auch an die Gutachterproblematik, etwa bei einem Kraftwerksbau. Die Konservativen präsentieren ein fachlich einwandfreies wissenschaftliches Gutachten, das dafür spricht. Die Sozialdemokraten erarbeiten ein ebenso einwandfreies Gutachten, das einen modifizierten Lage- und Ablaufplan mit entsprechender kritischer Begründung vorschlägt. Die Grünen liefern einen fundierten abschlagenden Bescheid, mit gutbelegten Hinweisen auf die nachhaltige Destruktivität des geplanten Projekts. Die Entscheidung wird dann von Politikern und durch Volksabstimmungen nach ganz anderen Kriterien getroffen.

Paradoxerweise muß heute der sogenannte gesunde Menschenverstand unter Verzicht auf die ganze entwickelte Professionalität komplexe Entscheidungen treffen, die der Professionalität bedürften. Das geschieht überall dort, wo die fachübergreifende Kooperation zwar notwendig, aber aus folgenden Gründen praktisch nicht durchführbar ist:

1. Sie steht in Widerspruch zur Logik der Professionen, von denen die Kooperation abhängen würde.

2. Sie verlangt von den Professionen etwas, worüber sie nicht verfügen: Sie sollen ihre fundierten Positionen und mit ihnen ihre Professionalität selbst zum Zweck gelingender Kooperation relativieren.
3. Die Idee fachübergreifender Kooperation weckt die Angst, daß ihr Gelingen ans Licht bringt, welcher Stellenwert den Professionen in Zukunft zukommen würde, wenn sie nicht mehr selbstgenügsam ihr Fach betreiben könnten. Nicht zu Unrecht fürchtet man, daß eine Einigung zwischen ihnen nicht aufgrund ihres professionellen Vorgehens, sondern durch differenzierten Einsatz des gesunden Menschenverstandes zustande kommt. Wie so oft, bringt die Angst durch Vermeidung der Herausforderung gerade das hervor, was sie befürchtet.
4. Es gibt keine ausgebildeten Verfahren und keine verbindlichen kommunikativen Bedingungen für fachübergreifende Kooperation.

Noch weichen die Professionen also vor der Frage der Organisation zurück, aus Hilflosigkeit und aus der Ahnung heraus, daß sie das Ende ihrer Dominanz bedeutet. Die Laien übernehmen, unter drastischer Senkung des inzwischen erreichten Problemlösungsniveaus, den vermiedenen Part.

Es ist anzunehmen, daß in Zukunft hier gravierende Veränderungen stattfinden werden. Organisationen werden die Aufgaben der Koordination wahrnehmen müssen, und innerhalb der Organisationen werden die Professionen zu untergeordneten Problemlösungsinstitutionen werden. Von dieser Entwicklung wird vermutlich auch die Supervision als professionelle Beratungsform nicht verschont bleiben. Wir werden dieser Frage im dritten Teil des Buches nachgehen.

1.4.4 Von der Organisation zum Prozeß des Organisierens

Die Vernetzung von interdepedenten beruflichen Tätigkeiten ist auch jenseits der soeben skizzierten Problematik der ausdifferenzierten Professionen zu einer komplexen Aufgabe geworden, zu deren Bewältigung Teamarbeit allein nicht ausreicht. Es bedarf einer organisierten Form der Kooperation, die für viele berufliche Arbeit bereits zur alltäglichen Voraussetzung geworden ist. Auch weiterhin werden immer mehr Berufe zufriedenstellend nur mehr in Organisationen durchgeführt werden können. Die Bedeutung der Organisation wird weiter steigen.

Die Art und Vielfältigkeit der Vernetzung beruflicher Tätigkeiten hat aber Auswirkungen auf die Organisation. Deren bisherige Strukturen erweisen sich als immer weniger geeignet, die Bedingungen, unter denen Vernetzung von Tätigkeiten heute und in Zukunft stattfinden muß, zu erfüllen. Traditionelle Organisationen können den Anforderungen an einen direkten, raschen, flexiblen Austausch auf immer mehr Ebenen nicht mehr genügen. Organisationen sind daher seit einiger Zeit einem Umbau unterworfen, der über verschiedene Zwischenstufen (Buchinger 1998a) zu dem führt, was heute die lernende Organisation genannt wird (Senge 1996).

Damit wird auch die Gestaltung der Arbeitsorganisation (noch mehr als bisher) zum reflexiven Gegenstand beruflicher Tätigkeit. Bis vor kurzem waren Organisationen fixe Gebilde, die verbindliche Normen und zeitlose Formen für die Gestaltung der Arbeitsprozesse und ihrer Koordination vorgaben. Nun verwandeln sie sich in einen flexiblen Rahmen für einen dauerhaften Prozeß des Organisierens, in dem sich die Arbeitsvorgänge und ihre Vernetzung je nach Anforderung immer neu konturieren. Dies geschieht allerdings nicht von selbst, sondern mittels gezielter reflexiver Tätigkeit der Mitarbeiter und Mitarbeiterinnen. Der Prozeß des Organisierens wird zum Teil der beruflichen Arbeit.

Das hat Folgen für die Supervision: Fast alle Supervision – ausgenommen vielleicht die Ausbildungssupervisionen in therapeutischen und beratenden Berufen – ist Supervision in Organisationen. Sie kann lege artis nur mehr auf der Basis eines professionell entwickelten und geschulten Organisationsbewußtseins und angemessener Methoden der Intervention durchgeführt werden.

In diesem Zusammenhang gilt es, auf etwas zu achten, was oft nicht ausreichend beherzigt wird: Schien es in der bisherigen Entwicklung der Supervision so, als wäre die berufliche Interaktion zunächst der aussschließliche Aspekt, unter dem sie Arbeitsprozesse der Reflexion zuführt, als kämen Team und die Organisation als zusätzliche Elemente später hinzu, so hat sich nun die Reihenfolge umgedreht. Die in Bewegung geratene Organisation steht im Vordergrund, stellt den dominanten Aspekt dar, unter dem die anderen Momente wie Teamarbeit und berufliche Interaktion angemessen erfaßt und reflektiert werden können.

Wie die Supervision das immer schon getan hat, so muß sie auch hinsichtlich dieser Entwicklung ihre methodischen Anleihen bei der entsprechenden Beratungsform, im vorliegenden Fall der Organisationsberatung, machen. Das hat Konsequenzen für die Ansprüche der Supervision auf berufliche Eigenständigkeit, denn nun teilt sie das, was bislang ihre Identität bestimmt hat, ihren Gegenstand, also berufliche Arbeit, mit der Organisationsberatung. Davon wird noch ausführlich die Rede sein.

1.4.5 Prozeß vor Inhalt: Neubewertung sozialer Kompetenz

Die veränderten organisatorischen Bedingungen beruflicher Arbeit ebenso wie das veränderte Verhältnis von Professionellen und Laien habem gravierende Auswirkungen auf den traditionellen Fokus der Supervision, auf die berufliche Interaktion (denn wenn diese auch nur mehr im Licht der Organisation gut gesehen werden kann, so bleibt sie in diesem Licht doch im Zentrum supervisorischer Arbeit).

Wenn man von den primär reflexiven Berufen (also den verschiedenen Formen der Beratung und Therapie) absieht, in deren Zusammenhang Supervision entstanden ist, und wenn man an das weite Feld der Berufe denkt, die nach und nach reflexive Elemente in sich aufnehmen mußten (also z. B. Lehrer, Ärzte, Führungskräfte, Kundenbetreuer usw.), so kann man folgendes feststellen: In diesen Berufen war der „Gegenstand" der beruflichen Tätigkeit (der Schüler, Patient, Kunde) ehemals der Empfänger einer mehr oder weniger vorbereiteten Dienstleistung (der Schüler etwa bekam einen festgelegten Kanon „wahren" Wissens zur gefälligen Aufnahme vorgesetzt). Die in diesen Dienstleistungen enthaltene „Wahrheit" stand immer mehr oder weniger fest und wurde von der Organisation gehütet. Die berufliche Interaktion bedurfte nur deshalb der Aufmerksamkeit, weil man entdeckte, daß die erfolgreiche Vermittlung der Wahrheit von der Gestaltung des Vermittlungsprozesses (also der beruflichen Interaktion) beeinflußt war.

Das hat sich heute verändert, und es ist anzunehmen, daß es sich noch weiter und gravierender verändern wird: Der ehemalige Empfänger der Dienste, der „Gegenstand" der beruflichen Interaktion (also der Schüler, Patient, Kunde), ist auf dem besten Weg, zur wichtigen Ressource des Berufs zu werden. Der Schüler ist nicht mehr so sehr Empfänger vorbereiteten Wissens als vielmehr Ressource zur Erzeugung von Wissen, die im Prozeß der beruflichen Interaktion mit dem Lehrer aktiviert werden muß. Der Patient ist nicht mehr ausschließlich der Empfänger von Expertenratschlägen, sondern auch eine notwendige Voraussetzung der Erzeugung ärztlicher Expertise. Der Kunde ist nicht nur Empfänger einer Dienstleistung oder eines Produktes, sondern wichtige Informationsquelle, die der Erstellung der jeweiligen Dienstleistung oder des Produkts zuerst zugrunde liegt und dann Aufschluß über ihre Brauchbarkeit gibt.

Supervision muß dieser veränderten Vorstellung von beruflicher Interaktion auch konzeptuell Rechnung tragen, um die notwendige Perspektive in der Reflexion beruflicher Tätigkeit unterstützen zu können.

1.4.6 Dennoch: Professionalisierung weiterhin, auch im Privaten

Parallel zu der vorhin erwähnten Aufwertung des Laien und zur Ablösung der Profession als Leitform gesellschaftlicher Ordnung in der Moderne kann man wahrnehmen, daß sich eine Tendenz ausbreitet, die in Widerspruch dazu zu stehen scheint. Immer mehr Tätigkeiten, die bisher den Laien vorbehalten waren, unterliegen einer Professionalisierung, ohne daß sie deshalb zur beruflichen Arbeit werden.

Aus dem Handeln eines Laien wird unter zwei Voraussetzungen professionelles Handeln: Es bedarf der Theorie (wissenschaftlich fundierten Wissens) einerseits und der Reflexivität des auf diesem Wissen aufbauenden Handelns andererseits (Stichweh 1996). Zur Professionalisierung des Handelns reicht es also nicht, daß es wissensgesteuert ist. Es zeichnet sich auch durch methodische, über Reflexion laufende, nicht auf dieses Wissen allein reduzierbare Steuerung des Handelns aus.

Immer mehr nichtberufliche Tätigkeiten genügen diesen Kriterien. Man denke nur an die sogenannte Beziehungsarbeit oder die diversen Schulungen für Paare. Ähnlich wie in den Organisationen, hängt die Professionalisierung des Handelns auch hier mit der Auflösung institutioneller Regelungen des Verhaltens, nun allerdings in den Bereichen des privaten Lebens, zusammen. In der Folge sind die Beziehungen immer mehr darauf angewiesen, daß es den Beteiligten gelingt, die Kommunikationen, aus denen die Beziehung besteht, in ihren vielfältigen Aspekten (Kommunikationsmustern, Konflikten usw.) zu verstehen und auf der Basis eines solchen Verständnisses reflexiv zu steuern.

Auch diese Tendenz hat Auswirkungen auf die Aufgaben der Supervision als Reflexionshilfe. Sie führt zur Frage, ob die bisherige Bezeichnung des Gegenstandes der Supervision aufrechtzuerhalten ist. Bisher galt berufliche Tätigkeit als Gegenstand der Supervision. Dabei wurde stillschweigend vorausgesetzt, daß es sich immer um berufliche Tätigkeiten handelt, die entweder im Begriff sind, sich einer Professionalisierung zu unterziehen, oder eine solche gerade hinter sich gebracht haben und an den Folgen laborieren. In Zukunft ist zu fragen, ob nicht die Bezeichnung *beruflich* durch *professionell* ersetzt werden muß – auch wenn es sich dabei um nichtberufliche Tätigkeiten handelt, die einen quasiprofessionellen Charakter erhalten und deren Reflexivität nach Supervision verlangt. Wir werden auf diese Frage am Ende unserer Überlegungen zurückkommen (Kapitel 3.4.5). Sie wird durch eine andere Entwicklung noch virulenter, durch eine Entwicklung, in der man den revolutionären Charakter der Veränderung unserer Arbeitswelt am ehesten lokalisieren kann:

1.4.7 Der eigentliche Umbruch in der Arbeitswelt: die Entkopplung von beruflicher Arbeit und persönlicher Identität

Aus verschiedenen Gründen bahnt sich eine Entkopplung von beruflicher Arbeit und persönlicher Identität an. Seit Anbruch der Moderne bis heute hatte berufliche Arbeit einen zentralen Stellenwert für die Identität der Person. Nun hat eine Entwicklung eingesetzt, in der die Arbeit nicht mehr den Kern der Selbstverwirklichung des Menschen darstellt. Sie ist dabei, zu einer Tätigkeit unter anderen zu werden. Und es ist nicht sicher, ob ihr in der Reihe der Tätigkeiten weiterhin ein derart dominanter Stellenwert eingeräumt werden wird.

Oberflächlich gesehen, liegen die Gründe dafür in der Entwicklung des Arbeitsmarktes, in der Ökonomisierung aller beruflichen Tätigkeiten, in dem Zwang, laufende Rationalisierungen in allen Arbeitsbereichen vorzunehmen, in der Zunahme unberechenbarer Entwicklungen in den Berufsfeldern usw.

Allerdings scheint die damit verbundene Rede vom „Ausgehen der Arbeit" ein Symptom für einen grundlegenden Widerspruch in unserer Arbeitsgesellschaft zu sein, der lange Zeit relativ unerkannt wirksam war und erst infolge der konsequenten Ausprägung der Logik dieser Arbeitsgesellschaft im Begriff ist, manifest zu werden. Wir werden ihm im nächsten Kapitel unsere Aufmerksamkeit widmen.

Aber nicht nur die Entwicklung des Arbeitsmarktes und das Manifestwerden des Widerspruchs der Arbeitsgesellschaft tragen das Ihre zur Relativierung der Bedeutung beruflicher Arbeit bei, auch die vorhin genannte (aus der Not heraus geborene) Tendenz der Professionalisierung und der entsprechenden Aufwertung anderer als beruflicher Tätigkeiten spielen in dieser Entwicklung eine Rolle.

Auf jeden Fall sind Konsequenzen abzusehen: Die traditionelle Berufsbiographie – kontinuierliche Ausübung eines Berufs von der Ausbildung bis zur Rente – beginnt schon jetzt der Vergangenheit anzugehören. Der mehrmalige Wechsel beruflicher Tätigkeiten im Lauf eines beruflichen Lebens – vor einigen Jahrzehnten noch ein bedenklicher Bruch in der beruflichen Karriere und bei mehrmaligem Auftreten den Verdacht erweckend, daß es sich um Anzeichen von Verwahrlosung handelt – ist heute Zeichen für beruflichen Erfolg. Die Bereitschaft dazu stellt eine Bedingung für berufliche Karriere dar. (Spricht man heute noch von Umschulung und setzt damit voraus, daß sich unsere Wertungen an *einer* Schulung und an der kontinuierlichen Ausübung des einmal Gelernten orientieren, so wird in Zukunft lebenslanges Lernen auch in dieser Hinsicht den Normalfall darstellen.)

Schwerer ist es, der immer häufiger formulierten Vorstellung soziale Anerkennung zu verschaffen, daß Lebensphasen, die von beruflicher Tätigkeit erfüllt sind, sich mit arbeitsfreien Phasen abwechseln werden. Es ist deshalb schwerer, weil die arbeitsfreien Phasen noch mit Arbeitslosigkeit gleichgesetzt und entsprechend stigmatisiert sind. Aber trotz dieser bleibenden Schwierigkeit beginnen sich die sozialen Standards für das, was berufliche Identität, und im Zusammenhang damit auch berufliche Karriere bedeutet, aufzuweichen. Beides wird in viel höherem Ausmaß als heute individualisiert werden.

Diese Entwicklung wird sich auf die Supervision auswirken. Denn die Art, wie jemand seine berufliche Arbeit verrichtet, ist nicht unabhängig von der beruflichen Identität. Und auch sie wird mehr als bisher Gegenstand anspruchsvoller Reflexion werden, weil sie eine starke Relativierung gegenüber anderen Momenten der Identität erfahren wird.

1.4.8 Balancing

Zuletzt sei noch ein Punkt genannt, der im Gegensatz zu der vermuteten revolutionären Entwicklung der Arbeitsgesellschaft steht und eher linear fortzuschreiben scheint, was wir heute wahrzunehmen gewohnt sind. Dennoch paßt er zu dem soeben Gesagten und eröffnet der Supervision eine qualitativ neue Aufgabe: Dort, wo qualifizierte berufliche Arbeit geleistet wird, insbesondere dort, wo man kontinuierlich und mit Erfolg in einem Arbeitsfeld tätig ist, nimmt der Druck auf die arbeitenden Personen zu.

Trotz aller Umbrüche der Arbeitsgesellschaft, trotz der Relativierung beruflicher Arbeit und der anderen genannten Momente wird eine Tendenz, die bisher in der Arbeitswelt zu beobachten war, weiter fortgeschrieben werden, ja es sieht so aus, als würde sie sich beschleunigen: Die Anforderungen an die Arbeit steigen aus verschiedenen Gründen.

Die Komplexität der Tätigkeiten wächst. Die Rationalisierungsbewegungen und der Druck zu kontinuierlicher Effizienzsteigerung nehmen zu. Der steigende Wettbewerb führt zu einer Beschleunigung der Prozesse. All das hat dort, wo berufliche Arbeit weiterhin verrichtet wird, insbesondere wo dies erfolgreich und mit einiger Kontinuität geschieht, zur Folge, daß der Druck auf die Arbeitenden enorm zunimmt. Er nimmt in einem Ausmaß zu, daß es sinnvoll erscheint, gezielte Maßnahmen zur Erhaltung der Arbeits- und Lebensfähigkeit zu ergreifen.

Wo dieses Ziel nicht durch Reduktion der Arbeit erreicht werden kann, und in vielen Berufen wird das nicht leicht möglich sein, braucht es einen anderen Ausgleich. Fragen der Gesundheit werden zum Gegenstand der Aufmerksamkeit. Das Verhältnis von beruflicher Arbeit und anderen relevanten Momenten der Identität wird zum Gegenstand berufsbezogener Selbstreflexion. Denn es gilt, Gegenwelten gegen die Berufswelt aufzubauen, die ihrem Druck standhalten und in der Lage sind, ihn auszugleichen (Buchinger 1994).

Balancing wird ein Aspekt der Reflexion beruflicher Arbeit und nicht so sehr ein privates Anliegen der Berufstätigen. Auch hier wird sich die Aufmerksamkeit der Supervision auf ganz andere Dinge richten müssen als bisher. Gerade in Zeiten der Berufstätigkeit wird es immer wichtiger, der Gegenwelt zum Beruf systematisch Platz einzuräumen, und sei es nur zur Erhaltung der Arbeitsfähigkeit, auch wenn es darüber hinaus dem Wohlbefinden dient.

Das bisher Gesagte birgt gute Gründe, sich in der Folge etwas ausführlicher, als das in der Supervisionsliteratur üblich ist, mit dem Begriff der Arbeit zu befassen. Immerhin stellt, wie gesagt, berufliche Arbeit bislang dasjenige Unterscheidungskriterium dar, dem es zu danken ist, daß Supervision beanspruchen kann, eine eigenständige Beratungsform zu sein. Schon deshalb würde sie es verdienen, im Rahmen theoretischer Überlegungen zur Supervision einem grundlegenderen Verständnis zugeführt zu werden. Es könnte erhellend sein zu beleuchten, was Arbeit in Abgrenzung von und in Verbindung zu anderen Formen sinnstiftender menschlicher Tätigkeit bzw. zu anderen Bereichen menschlichen Lebens bedeutet. Es kann helfen, manche Widersprüche besser zu verstehen, wenn die Karriere und das Schicksal, die der Begriff der Arbeit in der Moderne erfahren hat, nachvollziehbar wird; wenn man weiß, wie es dazu kam, daß Arbeit, die ehemals keine hochgeschätzte menschliche Tätigkeit bezeichnete, zu einer derart gesellschaftsbestimmenden Realität geworden ist.

Es klingt selbstverständlicher, als es ist, wenn wir von Arbeit sprechen und uns ihrer methodischen Reflexion widmen, so als wäre klar, was dieser Gegenstand unserer supervisorischen Tätigkeit alles transportiert. Es wird unter supervisorischem Fokus nicht so leicht sichtbar, womit dieser Begriff seit der Neuzeit befrachtet wurde, welche sinnstiftenden Funktionen, die früher anderen Bereichen gesellschaftlichen Lebens zugeordnet waren, er übertragen bekommen hat und welche Auswirkungen das auf die Dynamik der Arbeit selbst hat. Wir sind in der Supervision mit diesen Auswirkungen befaßt, können sie aber ohne ein angemessenes, vielleicht auch sozialgeschichtliches Verständnis nur bedingt in ihrer Bedeutung würdigen und entsprechend „bearbeiten", das heißt einer Reflexion zuführen.

Nun kann man der Meinung sein, das wäre kein großer Verlust, solange der Stellenwert der Arbeit in unserer Gesellschaft so ist, wie er ist. Wir haben aber festgestellt, daß wir uns am Beginn eines

Umbruchs der Arbeitswelt befinden, in dem die bisherige Vorstellung von Arbeit einschneidenden Veränderungen unterliegt. Das, was ihr bisher an Sinnstiftung zugemutet war, beginnt sich langsam aus ihr zurückzuziehen, ohne daß andere Tätigkeiten und Lebensbereiche das frei gewordene Bedürfnis nach Sinn aufgenommen hätten. Wie auch immer diese Entwicklung ausgeht, es ist abzusehen, daß sie Auswirkungen auf die Supervision haben wird. Denn auch bisher hatte Supervision, ohne daß ihr das bewußt werden mußte, immer Sinngebung reflektiert, wenn sie Arbeitsprozesse reflektiert hat. Neuerdings erscheint es aus dem genannten Grund sinnvoll, genauer und reflektierter darüber Bescheid zu wissen.

Wir wollen uns daher die in die Krise geratene Vorstellung von Arbeit hinsichtlich ihrer Entwicklung genauer ansehen. Dadurch wird uns der heutige Veränderungsprozeß unter einem neuen Aspekt verständlich werden. Auch wenn die im folgenden ausgeführten Überlegungen nicht unmittelbar praxisrelevant für die Supervision zu sein scheinen, so bieten sie der Aufmerksamkeit des Supervisors möglicherweise doch brauchbare Unterscheidungen an.

2. Die Dynamik der Arbeitsgesellschaft und ihre Krise

2.1 Der Grundwiderspruch der Arbeitsgesellschaft

Es wird viel über Arbeit gesprochen und geschrieben, weil sich, wie jeder weiß, diejenige Vorstellung von Arbeit, die bislang für unsere moderne Gesellschaft bestimmend gewesen ist, in der Krise befindet. Der Kern dieser Krise liegt vermutlich nicht so sehr darin, daß, wie oft gesagt wird, unserer Gesellschaft die Arbeit ausgeht, sondern darin, daß dieses sogenannte Ausgehen der Arbeit einen Widerspruch weithin sichtbar macht, in dem sich eine Gesellschaft immer schon befindet, deren Leitwert Arbeit heißt.

Wie sehr unsere Gesellschaft alle soziale und persönliche Realität am Maßstab der Arbeit mißt, machen wir uns meist nicht bewußt: Sie definiert die Zugehörigkeit des Menschen zu ihren Subsystemen ebenso wie seine Stellung innerhalb der Systeme primär über Arbeit. Für Identität und Selbstwertgefühl des einzelnen ist Arbeit daher von zentraler Bedeutung. Sie befindet nicht nur darüber, was, sondern vielmehr wer jemand ist. Für die Geschlechtsidentität stellt sie einen bestimmenden Faktor dar. Man denke an die Diskussion um die Unterscheidung zwischen Männerarbeit und Frauenarbeit, an die Diskussion um die Hausarbeit, die von ihrer geschlechtsspezifischen Zuordnung befreit werden soll. Die Einteilung der Lebensphasen des Individuums wird im großen und ganzen in Relation zur Arbeit vorgenommen, die das reife Erwachsenenalter ausfüllt. Die Zeit davor dient der Vorbereitung, die Zeit danach ist der durch Arbeit wohlverdiente und in bezug auf sie definierte Ruhestand. Schließlich wird ein für unsere Gesellschaft derart hochbesetzter Wert und ein für ihre Mitglieder derart wesentliches Moment wie die Gesundheit in enger Beziehung zur Arbeit bestimmt: Arbeitsfähigkeit stellt den üblichen Maßstab dar, an dem gemessen wird, ob jemand als gesund oder als krank zu gelten hat.

Der Widerspruch also, der in unserer fortgeschrittenen Arbeitsgesellschaft sichtbar wird, besteht in folgendem: Einerseits haben wir die Bestimmung des Menschen in die Arbeit gelegt und tragen deshalb darum Sorge, alle ihre Mitglieder möglichst dauerhaft mit Arbeit zu versorgen (Vollbeschäftigung). Andererseits sind wir darauf aus, die Arbeit durch ihre Perfektionierung und durch Steigerung ihrer sogenannten Produktivität tendenziell abzuschaffen (Freizeitgesellschaft).

Diesen Widerspruch teilt die kapitalistische Gesellschaft mit dem Marxismus. Er definiert den Menschen zwar als Animal laborans, stellt aber gleichzeitig fest, daß er als solches im Reich der Notwendigkeit gefangen ist. Daraus soll er sich durch die Steigerung der Produktivität seiner Arbeit und durch gerechtere Verteilung ihrer Früchte befreien, um schließlich in eine ideale Gesellschaftsordnung zu gelangen, in der er das Joch der Arbeit endgültig abgelegt hat. *Einerseits ist Arbeit also dem Menschen wesentlich, andererseits ist als Ziel der gesellschaftlichen Entwicklung ein Zustand vorgesehen, in dem der Mensch von Arbeit frei ist. Erringt der Mensch seine Freiheit, so verliert er nach dieser Auffassung sein Wesen.*

Der kapitalistischen Gesellschaft scheint es besser als dem Marxismus gelungen zu sein, die Produktivität der Arbeit so sehr zu steigern, daß das ultimative Ziel der Arbeitsgesellschaft langsam beginnt Gestalt anzunehmen und der latente Widerspruch manifest wird. Und wir erleben täglich, wie der unserem Wirtschaftssystem eigene Zwang zur weiteren Steigerung der Produktivität der Arbeit den Widerspruch als Krise manifest werden läßt.

Die vertrauten Versuche, die Krise zu bewältigen, tragen, im Gegenteil, zu ihrer Verschärfung bei, indem sie sich bemühen, den unabweisbaren Widerspruch gerade mit den Mitteln zu beseitigen, die ihn herbeigeführt haben: Ankurbelung der wirtschaftlichen Produktivität, Steigerung der Effizienz der Arbeit. Man sollte diese Versuche daher besser als Teil der Krise bezeichnen (Schwarz 1996).

Auf der anderen Seite nehmen die Versuche zu, Grundlagen einer Krisenbewältigung durch Schritte zu einem Paradigmenwechsel zu legen, der auf eine Neubewertung des gesellschaftlichen Stellenwertes der Arbeit hinausläuft. Man denke an die zögerlich bleibende, dennoch nie einschlafende Diskussion um ein arbeitsloses Grundeinkommen, an die neuerdings in Deutschland aktuell gewordene Frage des Kombilohns, an die Bemühung um eine Entkopplung von persönlicher Identität und Beruf in der jüngeren Generation. Man denke auch an das relativ junge, postmodern klingende Konzept des Lebensästheten, in dem die Berufskarriere als lebensgestaltendes Prinzip ausgedient hat. An ihre Stelle ist die Idee einer Lebensführung getreten, die unter dem Primat einer individuellen Ästhetik steht (siehe 2.6.3). Schließlich dienen auch die vielen Diskussionen und Publikationen dazu, ein Bewußtsein für die vorliegende Problematik zu schaffen, Alternativen zu entwickeln oder zumindest begrifflich vorbereiten zu helfen (Hernsteiner 1996).

Wenn wir in der Folge versuchen, die Bedeutung der Arbeit in unserer Gesellschaft besser zu verstehen, so gilt es

1. *herauszufinden, wodurch sich Arbeit von anderen für das Seelenleben, für die menschlichen Beziehungen und für die Gesellschaft wichtigen menschlichen Aktivitäten unterscheidet;*
2. *den gesellschaftlichen Stellenwert der Arbeit in seiner historischen Entwicklung bis heute genauer zu erfassen.*

Das gibt uns Aufschluß über die Kontingenz der Arbeitsgesellschaft und hilft uns, den Sinn ihrer Ungereimtheiten zu würdigen. Außerdem ist anzunehmen, daß der Widerspruch, mit dem die Arbeit als gesellschaftlicher Wert behaftet ist, seine Entsprechung im Seelenleben findet, wo er eine psychische Dynamik entfaltet, die sich zwar praktisch auswirkt, aber sich unserer Einwirkung entzieht.

Dazu kommt, daß die Veränderungen in unserer Arbeitswelt heute innerhalb von einer Generation stattfinden. Die Entwicklung der Institutionen der Sozialisation, zu deren Aufgaben es gehört, die Werte der Gesellschaft im Individuum psychisch zu verankern, geht aber unvergleichlich viel langsamer vor sich. Dieser soziale Nachhinkeffekt (Elias 1987) führt dazu, daß neue Widersprüche im Seelenleben grundgelegt werden. Denn was geschieht, wenn wir unsere Erziehung und Bildung vor dem Hintergrund der sinn- und identitätsstiftenden Funktion der Arbeit erhalten, derart ausgerüstet aber in eine Welt entlassen werden, für welche diese Ausrüstung nicht mehr paßt?

2.2 Arbeit in ihren alltagssprachlichen Bedeutungen

1. So wie wir den Begriff eingangs verwendet haben, bezeichnet er die *Erwerbstätigkeit*. An sie wird in unserer Gesellschaft bislang der Anspruch gestellt, die Erwerbstätigen (zumindest) mit dem für ein menschliches Leben in dieser Gesellschaft Nötigen zu versorgen.

In dieser Bedeutung stellt Arbeit eine hochgeschätzte, gut abgesicherte, die Integration in die Gesellschaft in vielerlei Hinsicht gewährleistende Institution dar. Sie ist in vielen ihrer Aspekte gesetzlich und durch Verträge geregelt. Man denke z. B. an Tarifverträge, Arbeitszeitregelungen, Vorschriften der Besteuerung. Auch die Sozialversicherung stellt in ihrer Bindung an berufliche Tätigkeit ein solches Integrationsmoment dar. Sogar die Integration in die christlichen Kirchen findet zu einem nicht unwesentlichen Teil ihre im Konkordat abgesicherte institutionelle Form über die Arbeit. (In Deutschland wird die Kirchensteuer direkt vom Gehalt abgezogen. Das erscheint verwunderlicher, als es ist, wenn man bedenkt, daß die moderne Hochschätzung der Arbeit bei Luther beginnt und eine ihrer Grundlagen, wie wir noch sehen werden, im religiösen Bedürfnis nach Erlösung hat.) Gar nicht zu sprechen vom gesellschaftlichen Status, den man durch Arbeit erhält, bzw. von der Stigmatisierung durch den Verlust der Arbeit.

In der Bedeutung von Erwerbstätigkeit stellt Arbeit dementsprechend ein grundlegendes Menschenrecht dar. In der von den westlichen Arbeitsgesellschaften formulierten Charta der Allgemeinen Menschenrechte wird es eigens benannt. Das beruht zwar auf einer etwas fragwürdigen – nach versteckter Mission oder verstecktem Kolonialismus klingenden – Verallgemeinerung des Werts der Arbeitsgesellschaft, bringt aber den zentralen Stellenwert zum Ausdruck, welcher der Erwerbstätigkeit beigemessen wird. Mehr als die Arbeit in so etwas wie der menschlichen Natur zu verankern ist kaum möglich. Es erscheint als ein säkularisierter Niederschlag ihrer religiösen Bedeutung in der frühen Moderne.

2. In der soeben beschriebenen Bedeutung des Wortes ist davon die Rede, daß *jemand Arbeit hat*. In einer anderen, ebenso im Alltag verbreiteten Bedeutung spricht man davon, daß *etwas Arbeit macht*. In diesem Sinn heißt Arbeit soviel wie *Mühe, Anstrengung, Plage*. Wir haben es hier mit der wohl ältesten Bedeutung des Begriffs zu tun,

die sich trotz aller fundamentalen Veränderungen, die der Begriff sonst erfahren hat, ungebrochen erhalten hat. Arbeit bezeichnete primär die schwere körperliche Tätigkeit, ursprünglich Feldarbeit.

Als Erwerbstätigkeit stellt Arbeit einen positiv besetzten Begriff dar. Als Arbeitslosigkeit bezeichnet ihr Nichtvorhandensein einen Mangel, eine Deprivation des Menschen in der Ausübung seiner Grundrechte. Mit Arbeit im Sinn von Mühe und Plage verhält es sich umgekehrt: Nicht Arbeit ist der erstrebenswerte Zustand, sondern ihr Nichtvorhandensein, das nun im positiven Sinn als Freisein von Arbeit verstanden wird.

Je nach dem Stellenwert, den die Arbeit im gesellschaftlichen Kontext einnimmt, wird der Sinn dieses Freiseins von Arbeit in etwas anderem liegen:

a) Gilt Arbeit, wie in der vorliegenden Bedeutung des Begriffs, als eine nicht besonders geschätzte, der Bewältigung der Notdurft dienende Tätigkeit, so wird das Freisein von ihr als *Muße* bezeichnet. Diese stellt die Voraussetzung für diejenigen Tätigkeiten dar, die einen höheren Wert im menschlichen Leben einnehmen oder gar seinen eigentlichen Sinn ausmachen: Das (politische) Handeln im Rahmen der Polis, die philosophische Wahrheitsschau, die religiöse Kontemplation.

b) Wird in der Arbeit hingegen der Ernst des Lebens wahrgenommen, dann bleibt als Tätigkeit, die das Freisein von Arbeit voraussetzt, das *Spiel*. Nun wissen wir allerdings, daß auch das Spiel mit Mühe verbunden sein kann, die unter Umständen sogar die mit der Arbeit verbundene Anstrengung überwiegt. Dennoch wird diese Mühe nicht als Plage verstanden, denn man nimmt sie freiwillig auf sich. Zur Arbeit hingegen zwingt die Notdurft.

(Ein gut Teil der Mühe, welche die Arbeit darstellt, scheint also darin zu liegen, daß sie uns durch unsere Notdurft als Zwang auferlegt wird. Sie hält uns im Reich der Notwendigkeit, während wir uns spielend im Reich der Freiheit bewegen. Erst wenn die meiste Arbeit nicht mehr primär mit körperlicher Anstrengung verbunden ist, nimmt man wahr, daß die Plage, welche Arbeit darstellt, in ihrer Bindung an die Notdurft liegt, die uns nicht die Wahl läßt, sie nicht zu tun.)

c) Wenn Arbeit schließlich den dominanten Wert darstellt, dann wird der Begriff, der das Freisein von Arbeit bezeichnet, zwar auch positiv besetzt sein, aber nicht mehr mit einem der Arbeit positiv entgegengesetzten Inhalt gefüllt werden können. *Freizeit* ist der positiv besetzte, aber nur mehr negativ bestimmte Gegenbegriff, den die Arbeitsgesellschaft der Arbeit in der Bedeutung von Mühe, Plage, Anstrengung gegenüberstellt. Dementsprechend wird das Freisein von Arbeit, soll es denn positiv besetzt sein, immer in Relation zur Arbeit, als ihr Pendant, verstanden. Nur in dieser Relation hat Freizeit ihre Berechtigung – falls sie nicht überhaupt auf ihre Funktion für die Arbeit reduziert wird. Sie dient dann vorzüglich der Regeneration der Arbeitskraft. Freizeit, die aus ihrer Bindung an die Arbeit herausfällt, wird zur negativ besetzten *Arbeitslosigkeit*.

3. In einer weiteren Bedeutung bezeichnet Arbeit weder eine Tätigkeit noch ihre Mühe, sondern das *Resultat der Tätigkeit*. Dies vor allem dann, wenn es sich um ein gelungenes, sichtbares und greifbares Resultat handelt. So bezeichnet man etwa den von einem Handwerker hergestellten Gegenstand oder einen Kunstgegenstand, vorzugsweise der bildenden Kunst, also ein im engeren Sinn handwerklich hergestelltes Objekt, als Arbeit.

Wichtig für diese Bedeutung des Begriffs scheinen zwei Aspekte zu sein: Erstens ist das Resultat nur dann eine Arbeit, wenn es als Objekt die Tätigkeit, die es hervorbringt, überdauert. Ja es beginnt erst eine Arbeit zu sein, wenn die Tätigkeit an ihm beendet ist. (Produkte der darstellenden Kunst, die nur so lange dauern wie die Tätigkeit, die sie hervorbringt, werden daher auch weniger Arbeiten genannt als vielmehr Aufführungen.)

Zweitens werden hauptsächlich solche dauerhaften Objekte Arbeiten genannt, die aus Material bestehen, das der Mensch der Natur entnommen und zu seinen Zwecken bearbeitet und derart umgeformt hat, daß im Resultat mehr der Zweck in Erscheinung tritt als das Material, das ihm dient. Künstlerische Hervorbringungen, die aus einem „Material“ gefertigt worden sind, das kein der Natur entnommener Gegenstand ist, sondern die aus Sprache oder Tönen bestehen oder aus beidem, werden daher üblicherweise nicht so sehr Arbeiten genannt als Werke. (Gleichzeitig stellt „Werk“ den übergeordneten Begriff dar.)

4. Neben diesen in der Umgangssprache fest verankerten Bedeutungen des Begriffs Arbeit (Erwerbstätigkeit, Mühe, Werk) scheinen der Verwendung des Begriffs für *jede Art von Tätigkeit und jeden*

Aspekt jeder Art von Tätigkeit heute keine Grenzen gesetzt. Von der körperlichen Arbeit, egal ob es sich um eine Produkte herstellende Tätigkeit handelt oder nicht, über verwaltende Tätigkeit bis hin zur sogenannten Kopfarbeit bzw. zu jeder Art von professioneller oder Spezialistentätigkeit – alles wird Arbeit genannt.

Bemerkenswert erscheint mir, daß auch Aktivitäten im Bereich des Psychischen und im Bereich der Interaktion heute als Arbeit bezeichnet werden. Dies geschieht in einer Verwendung des Wortes, die ursprünglich aus einer wissenschaftlichen oder wissenschaftsnahen Fachsprache stammt, mit der Popularisierung der entsprechenden Sachverhalte aber mehr und mehr in die Alltagssprache Eingang gefunden hat. So ist von *Beziehungsarbeit* die Rede, *psychische Probleme werden durchgearbeitet*, die seelische Bewältigung eines Verlustes wird *Trauerarbeit* genannt, und in der Traumdeutung nennt Freud die unbewußte Verarbeitung des psychischen Rohmaterials zum manifesten Traum die *Traumarbeit*.

Man kann daher im Lexikon unter dem Stichwort „Arbeit" lesen, daß Arbeit der bewußte und zweckgerichtete Einsatz der körperlichen, geistigen und seelischen Kräfte des Menschen zur Befriedigung seiner materiellen und ideellen Bedürfnisse sei. Und wenn man an die soeben zitierte Traumarbeit denkt, so muß man dieser Definition hinzufügen, daß auch unbewußte und, wie es scheint, nicht unmittelbar zweckgerichtete Tätigkeit als Arbeit bezeichnet werden kann.

Wie kommt es zu dieser Inflation des Begriffs, und was gelangt in ihr zum Ausdruck?

Zur Beantwortung dieser Frage erscheint es hilfreich, der historischen Entwicklung nachzugehen, die der Arbeitsbegriff in unserer Kultur durchgemacht hat. Ich werde mich dabei im Folgenden an Überlegungen anlehnen, die Hannah Ahrendt (1981) in ihrem Buch über die Vita activa angestellt hat.

2.3 Vita activa und Vita contemplativa

Hanna Ahrendt stellt die Vita activa der bis zur Neuzeit hochgeschätzten Vita contemplativa gegenüber und unterscheidet in der Vita activa drei Arten von Tätigkeiten: *Arbeiten, Herstellen* und *Handeln*. Es scheint mir brauchbar, diese Dreiteilung von Tätigkeiten der

Vita activa zu übernehmen, weil sie es erlaubt, unterschiedliche Qualitäten von Tätigkeiten klar zu benennen. Wir werden diese Unterscheidung brauchen, wenn wir später verstehen wollen, welche gesellschaftliche und psychische Dynamik die Definition aller Tätigkeiten als Arbeit auslöst, welche Vermischungen, Verschiebungen und problematischen Kompromisse dadurch zustande kommen und eigenartige Wirkung entfalten.

2.3.1 Arbeit

Ganz in Übereinstimmung mit der ursprünglichen Bedeutung des Wortes bezeichnet Arbeit in dieser Dreiteilung der Tätigkeiten nur die schwere körperliche Arbeit (Feldarbeit). Sie stellt einen Eingriff des Menschen in die Natur dar, der ihm das sichert, was allen anderen Lebewesen auf natürliche Weise zukommt, sein Überleben als natürliches Wesen.

Der Mensch ist das einzige Lebewesen, das die Natur in umfangreichem Ausmaß bearbeiten muß, damit sie ihm das abwirft, was sein Überleben in ihr ermöglicht, Nahrung, Kleidung und Behausung. Arbeit ist dem Menschen als in sich widersprüchlichem Naturwesen auferlegt, das dadurch gekennzeichnet ist, daß es mit einem Fuß aus der Natur herausgetreten ist, mit dem anderen aber weiter an sie gebunden bleibt. Arbeit ist, sozusagen, der Preis, den der Mensch dafür zahlen muß, daß er ein freies Tier geworden ist. Arbeit kennzeichnet nicht die Freiheit des Menschen, sondern seine Natürlichkeit, wenn auch auf nicht natürliche Weise. Sie dient seinem Überleben, ist aber in dieser Funktion nicht das, was ihn als Menschen ausmacht.

Weil sie den Menschen über nie endende körperliche Mühe an die Notdurft, an das Reich der Notwendigkeit, an die Natur kettet, ist die Arbeit sowohl im Judentum des Alten Testamentes als auch im antiken Griechenland mit einem mehr oder weniger großen Makel belegt. Entweder sie ist dem Menschen in Form von Mühe und Plage als Folge der Erbsünde zugemessen, sozusagen als bleibendes Zeichen seines nur halb gelungenen Versuchs, sich aus der Natur zu befreien und so zu werden wie Gott. Oder aber sie wird als zwar unerläßliche, aber den Menschen zugleich auf seine natürliche Herkunft verweisende und an sie bindende Tätigkeit verstanden. Da sie als solche seiner menschlichen Bestimmung als handelndem Wesen nicht gerecht werden kann, soll sie am besten von Menschen, die ohnehin ihrer menschlichen Bestimmung beraubt worden sind, also von Sklaven, verrichtet werden.

Das Dilemma, das uns die Arbeit beschert, liegt darin, daß sie den Menschen als Menschen an die Natur bindet. Und je nachdem, wie man es sieht, haftet ihr – indem sie als menschliche Tätigkeit die ewige Wiederkehr des gleichen im Kreislauf der Natur repräsentiert – entweder etwas Vergebliches oder Befriedigendes an:

Arbeit schafft keine menschliche Welt von Bestand, sie bringt keine Resultate von Dauer hervor, bringt keinen bleibenden Effekt zustande, in dem sie zur Ruhe kommt. Was sie als Mittel zur Bewältigung der Notdurft erzeugt, sind dementsprechend zum Verbrauch bestimmte Objekte, Gegenstände des Konsums, durch die der Mensch auf menschliche Weise in den Kreislauf der Natur eingebettet bleibt. Die Früchte der Arbeit dienen dazu, sein Leben zu erhalten und ihm Kraft zu geben, die es ihm erlaubt, weiterzuarbeiten, um weiterleben zu können.

Aus ihrer inneren Logik heraus kann Arbeit, wie Hannah Ahrendt meint, nicht produktiv sein. Sie ist mehr oder weniger fruchtbar, indem sie, wie die Natur auch, bestenfalls Überfluß herstellt, der entweder im Verbrauch zerstört wird oder, wenn er nicht verbraucht wird, von selbst wieder der Natur anheimfällt und so in beiden Fällen der weiteren Fruchtbarkeit dient.

Für sich genommen, kann der Kreislauf von Arbeit und Verzehr in seinem Rhythmus, der so lange anhält wie das Leben, ein Lustgefühl oder zumindest ein Gefühl der Befriedigung bewirken, nicht anders als das Funktionieren eines gesunden Körpers (Ahrendt 1981, S. 98). Es ist das Glücksgefühl der Fruchtbarkeit, das es erlaubt, das natürliche Ende des Kreislaufs lebenssatt hinzunehmen.

(Es scheint, als wäre das vitale Empfinden, die unmittelbare Lust, die mit der Befriedigung der natürlichen Bedürfnisse einhergeht, daran gebunden, daß der Mensch durch seiner eigenen Hände Arbeit in den ewigen Kreislauf eingebettet ist. Gelingt es, sich von dem Kreislauf abzukoppeln, indem man die Mühe der Arbeit nicht selbst auf sich zu nehmen braucht, sondern delegiert und nur das Resultat genießt, so läßt das Glücksgefühl der Vitalität, die Intensität des Genusses nach.

Zieht man seine Befriedigung dennoch weiterhin bloß aus seinem Selbstverständnis als Animal laborans, ohne selbst zu arbeiten, so braucht man eine endlose Steigerung und Verfeinerung des Konsums, die aber nie mehr die Unmittelbarkeit des Genusses mit sich bringt, der aus dem Kreislauf von Arbeit und Verzehr ihres Resultats gezogen werden kann. Es bleibt dann immer der nächste, raffiniertere Konsum, der dieses unmittelbare Glück verspricht – ein Versprechen, das sich mit dem nächsten Konsum als trügerisch erweist und dazu zwingt, am nächsten Objekt, an das dasselbe Versprechen geknüpft ist, sein Glück zu versuchen.)

Als dem Reich der Notwendigkeit angehörige menschliche Tätigkeit kann alle Arbeit aber auch als Sisyphusarbeit angesehen werden. Ihre endlose Fahrt im ewigen Kreislauf der Wiederkehr desselben bringt den Menschen keinen Schritt näher an das Reich der Freiheit, gleichwohl zwingt sie die menschliche Kreativität in ihre Dienste.

Trotz aller Metamorphose, die der Arbeitsbegriff in der Neuzeit durchgemacht hat, finden wir in ihm die meisten der Momente wieder, die wir in seiner vorneuzeitlichen Verwendung ausgemacht haben. Am deutlichsten wird das bei Marx, der die Arbeit in direktem Anschluß an die Tradition als den *Stoffwechsel des Menschen mit der Natur* bezeichnet. Er stellt Arbeit in einen Zusammenhang mit der Erzeugung von Nachkommenschaft (proles). Beides dient der Erhaltung des Menschen, einmal als Individuum, das ander Mal als Gattungswesen.

Es wird weiter unten deutlich werden, in welche Schwierigkeiten und Widersprüche man gerät, wenn die Bestimmung von Arbeit einerseits diejenige der Tradition bleibt, sich der Stellenwert der Arbeit im menschlichen Leben andererseits aber derart verändert, daß sie zur Tätigkeit wird, welche das Wesen des Menschen ausmachen soll, und dementsprechend alle Tätigkeit zur Arbeit wird.

2.3.2 Herstellen

Eine deutlich von der Arbeit unterschiedene Form menschlicher Tätigkeit ist nach Hannah Ahrendt das Herstellen. Es folgt einer anderen Logik als die Arbeit, dient anderen Zwecken und führt zu anderen Resultaten. Dient die Arbeit dem Überleben des Menschen, so führt das Herstellen zum Aufbau einer dauerhaften menschlichen Welt. Ist der Mensch somit durch seine Arbeit auf nicht natürliche Weise in den Kreislauf der Natur eingebettet, so erzeugt er durch Herstellen eine aus dem Kreislauf der Natur herausgehobene Gegenwelt zur Natur, die ihrem Einwirken möglichst dauerhaft widerstehen soll. Erst durch die Tätigkeit des Herstellens und ihre

Resultate tritt der Mensch sichtbar aus der Natur heraus und ist in der Lage, sich jenseits des Lebensprozesses eine Heimat von Bestand zu schaffen.

Liegt die Bestimmung der Resultate der Arbeit in ihrem Verbrauch oder Konsum, so ist die Bestimmung der durch Herstellen entstandenen Gegenstände ihr möglichst dauerhafter Gebrauch, in dem sie zwar abgenutzt werden, aber nicht verbraucht werden sollen.

Arbeit stellt eine prinzipiell unabschließbare Tätigkeit dar, weil sie ein Moment in einem naturanalogen Kreislauf von Arbeit und Verzehr ihrer Resultate ist, der weitere Arbeit sowohl ermöglicht als auch notwendig macht. Die Tätigkeit des Herstellens hingegen ist in ihrem Resultat abgeschlossen. Sie zeichnet sich als von der Arbeit unterschiedene Tätigkeit um so eher aus, je dauerhafter ihre Produkte sind oder je weniger sie durch ihren Verbrauch so weit abgenutzt werden, daß sie der Erneuerung bedürfen. Daran ändert sich auch dann nichts, wenn das Produkt des Herstellens (als Werkzeug oder Instrument) dem weiteren Herstellen dient. Als solches dient es primär der Potenzierung der Fähigkeit, eine menschliche Welt durch Herstellen zu erzeugen.

Am besten läßt sich die unterschiedliche Logik der beiden Tätigkeitsarten verdeutlichen, wenn man das ihnen eigene *Verhältnis von Bewahren und Zerstören* betrachtet:

Weil die Arbeit dem Überleben des Menschen als Naturwesen dient, bringt sie Resultate hervor, die zur Zerstörung durch Verzehr bestimmt sind. Aber wenn auch die Resultate der Arbeit zum Zweck ihrer Zerstörung der Natur abgetrotzt werden, so wird diese Natur selbst durch die Arbeit nicht zerstört. Im Gegenteil, die Arbeit ist darauf bedacht, das Leben der Natur durch Pflege zu intensivieren. Der Baum wird zum Zweck der Ernte seiner Früchte nicht gefällt, sondern im Gegenteil, er wird gegossen, beschnitten, veredelt, damit er nächstes Mal mehr und bessere Früchte bringt. Das Feld wird geerntet, und ein Teil der Ernte, ursprünglich der beste, wird als Saatgut benutzt.

In der Tätigkeit des Herstellens verhält es sich umgekehrt. Ihre Resultate sollen Bestand haben, aber um das Material zu ihrer Herstellung zu gewinnen, wird zerstörend in die Natur eingegriffen. Der Baum wird gefällt, der Berg abgetragen. Das Animal laborans bearbeitet die Natur in mühevoller Tätigkeit. Homo faber zerstört die Natur unter Einsatz von Gewalt.

Es gibt Grenzbereiche, in denen der Unterschied zwischen Arbeit und Herstellen verschwimmt, so daß eine Verwechslung oder Gleichsetzung beider Tätigkeiten naheliegt. So entsteht z. B. durch die kontinuierliche Landarbeit eine Landschaft, der man ansieht, daß sie ihr Gesicht durch den Menschen erhalten hat – Kulturlandschaft als ein Teil der menschlichen Welt. Dennoch bleibt ihr Bestand von der Kontinuität der Arbeit abhängig, ohne die sie sehr rasch wieder zur unbestellten Wildnis wird. Aber auch Gewand und Behausung, in den meisten besiedelten Zonen – analog zur Nahrung – Voraussetzung menschlichen Überlebens, brauchen immer wieder menschliche Tätigkeiten zu ihrem Erhalt, ihrer Wiederherstellung und Erneuerung. Man könnte sie daher leicht als Gegenstände ansehen, die zum Verbrauch bestimmt, also eher Resultate menschlicher Arbeit und nicht der Tätigkeitsform des Herstellens sind. Dennoch ist ihre Zerstörung nicht der Zweck, zu dem sie erzeugt wurden, sondern eher eine lästige Begleiterscheinung ihrer Nutzung bzw. des Materials, aus dem sie hergestellt worden sind.

Prekär wird das Verhältnis von Bewahren und Zerstören dann, wenn Herstellen und Arbeit miteinander verwechselt oder gezielt gleichgesetzt werden. Denn das kann bedeuten, daß die Resultate des Herstellens behandelt werden wie Gegenstände des Verzehrs. Benutzen wird dann mit Verbrauchen gleichgesetzt (wie das in unserer Konsumgesellschaft der Fall ist). In einem solchen Fall sind beide Aspekte, sowohl die Tätigkeit des Hervorbringens als auch ihr Resultat, bestimmt durch Zerstörung. Denn einerseits entsteht, wie gesagt, das Material, an dem die Tätigkeit des Herstellens ansetzt, durch Zerstörung, und andererseits soll das hervorgebrachte Objekt nun im Gebrauch verbraucht und damit zerstört werden, so als wäre es ein zum Verzehr bestimmtes Resultat der Arbeit (Wegwerfgegenstände).

Umgekehrt kann eine Gleichsetzung von Herstellen und Arbeit bedeuten, daß Arbeit nach der Logik des Herstellens verrichtet wird: Die Industrialisierung der Landwirtschaft beruht auf dieser Gleichsetzung von Arbeiten und Herstellen. Die Natur, aus der die Arbeit ihre Früchte durch Bearbeiten gewinnt, wird dann behandelt wie das Rohmaterial der herstellenden Tätigkeit. Sie wird durch irreversible Eingriffe, die dazu dienen, möglichst viel Material möglichst schnell und unaufwendig zu gewinnen, tendenziell vernichtet, und sie wird mit technischen Geräten bearbeitet, die sich nicht von den

Geräten des Herstellens unterscheiden. Zwischen Traktor und Bagger ist kein großer Unterschied, manche Geräte sind sogar beides in einem. Zwischen industrieller Fertigung in einer Fabrik und einer Hühner-Legebatterie oder einem modernen Schlachthof bestehen verblüffende strukturelle Ähnlichkeiten.

2.3.3 Handeln

Die dritte, in der vorneuzeitlichen Tradition höher als Arbeit und Herstellen bewertete Tätigkeit des Menschen ist das Handeln. Es dient weder dem Überleben des Menschen in der Natur noch der Erzeugung einer dauerhaften menschlichen Welt, sondern dem Menschen selbst als sozialem, auf Gemeinschaft von Menschen angewiesenen Wesen. Es ist ein Kennzeichen dieser Gemeinschaft, daß sie nicht naturwüchsig entsteht und sich erhält, sondern durch gezielte menschliche Aktivität. Gegenstand des Handelns ist das menschliche Bezugsgewebe.

Das in der Dialektik von Gleichheit und Verschiedenheit der Menschen immer prekäre und neu auszuhandelnde Miteinander, im herkömmlichen Sinn politisches Tun, ist das, was Hannah Ahrendt Handeln nennt. Das bleibende Vorbild für dieses öffentliche Tun, in dem sich der Mensch im Reich der Freiheit befindet, ist in unserer Tradition das perikleische Athen, in dem die freien Bürger in einem permanenten Aushandlungsprozeß (und nicht durch ihrer Hände Arbeit oder mittels Instrumenten des Herstellens) ihr Miteinanderleben in einem überschaubaren Rahmen durch menschliche Kommunikation gestaltet haben.

Auch Handeln ist ein unabschließbarer Prozeß wie Arbeit, aber aus ganz anderen Gründen als diese. Handeln ist nicht deshalb unabschließbar, weil sein Resultat zum Verbrauch bestimmt wäre und erneuert werden müßte, sondern weil es entsprechend seiner Logik kein festes Resultat haben kann. Handeln setzt durch sein primäres Instrument, die menschliche Kommunikation, Impulse, die an andere handelnde Menschen gerichtet sind, bei denen sie unberechenbare Reaktionen, Antworten hervorrufen. Auch diese Antworten sind Handeln und deshalb der gleichen Dynamik unterworfen.

Der Handelnde kann nie über die Wirkung seines Handelns verfügen, wie es der arbeitende oder herstellende Mensch vermag. Er kann letztlich nie wissen, was er tut. Dennoch setzt er kraft seines Handelns unwiderruflich etwas in die Welt, das Folgen zeitigt, die er selbst nicht verantworten kann, weil sie anderes Handeln sind. Der Handelnde ist daher, trotz hoher Verantwortung für sein Tun, hinsichtlich der Folgen verantwortungslos oder „schuldig". Denn er nimmt eine Schuld an Folgen auf sich, die er nicht beabsichtigen kann (Ahrendt 1981, S. 228).

Der Handelnde ist also durch sein freies Handeln eingebunden in ein System von Handlungen (nur in diesem System ist Handeln möglich), das er nicht hergestellt hat, über das er auch nicht verfügt, sondern dem er ausgeliefert ist und sein muß, um weiterhandeln zu können. „Nirgends, mit anderen Worten, weder im Arbeiten, wiewohl dies doch der Lebensnotwendigkeit unterwirft, noch im Herstellen, wiewohl es doch von Material in seiner Gegebenheit abhängig bleibt, scheint es weniger Freiheit für den Menschen zu geben als in den Fähigkeiten, die doch andererseits allein seine Freiheit garantieren, und in dem Bereich, der ausschließlich durch den Menschen selbst erzeugt ist" (ebd., S. 229).

Weil diese Eigenart des Handelns schwer auszuhalten ist, aber auch deshalb, weil das Handeln in seiner Offenheit und strukturellen Unabgeschlossenheit der Nachwelt kein bleibendes Resultat hinterlassen kann, das diese nur zu übernehmen und zu benutzen bräuchte wie ein Haus oder ein Gerät, hat es immer Tendenzen gegeben, *den Bereich des Handelns nach dem Muster des Herstellens zu gestalten*. Damit ist es zwar gelungen, einige Berechenbarkeit und Dauerhaftigkeit des Handelns zu erreichen, das Reich der Freiheit hat man damit allerdings meist verlassen. Einige wenige haben sich die vielen quasi als Material unterworfen, aus dem sie das Gemeinwesen zu einer sicheren Welt gebaut haben, die durch Regeln und Sanktionen auf Dauer gestellt wurde.

In dieser Reduktion wird die *Macht*, die ein lebendes Gemeinwesen charakterisiert, umgewandelt in *Gewalt*, welche ihrerseits die Macht zerstört: Macht (dynamis, potentia) ist immer Potential, das entsteht, wenn Menschen miteinander handeln, Potential, das ihre Gemeinsamkeit erhält, wenn der flüchtige Moment des Miteinanderhandelns verflogen ist, Verbindlichkeit, die es ermöglicht, miteinander weiterzuhandeln.

Hannah Ahrendt nennt diese Verbindlichkeit Organisation (1981, S. 195). Organisation ist nach ihrer Konzeption (als lebendiger Ausdruck menschlichen Handelns und als das Phänomen, in dem Macht realisiert werden kann) als permanenter Prozeß des

Organisierens zu denken (zu dem moderne Organisationen heute wieder werden). Dagegen stellt Organisation als fixes, hierarchisch geordnetes Gebilde den Versuch dar, ein Ergebnis menschlichen Handelns in ein Werk menschlicher Herstellungskunst umzuwandeln, das uns das weitere Risiko des Handelns erspart. Das Risiko wird ersetzt durch die Sicherheit einer dauerhaften Welt, in deren Herstellung der Mensch zu einem Baustein geworden ist, der in einem ihm zugeteilten Bereich seinerseits wieder herstellend tätig sein kann.

2.3.4 Vita contemplativa

Nun stand vor Beginn der Neuzeit diesen drei Tätigkeitsformen der *Vita activa*, in der die Arbeit den niedrigsten und das Handeln den höchsten Stellenwert einnahm, die *Vita contemplativa* gegenüber. Sie nahm sowohl in der Antike und im Judentum als auch im mittelalterlichen Christentum einen höheren Stellenwert ein als die Vita activa. Sie besteht in der Wahrheitsschau, die nicht identisch ist mit dem philosophischen Denken, sondern dessen eigentliches Ziel darstellt. In der Kontemplation erreicht und erfährt der Mensch nach dieser Auffassung seine eigentliche Bestimmung, in welcher er mit den anderen Menschen und dem Rest der Welt eins wird, ohne daß dazu Arbeit, Herstellen oder Handeln ausreichen oder nötig sind.

Einige Momente der Vita contemplativa, dic unser Verständnis der Dynamik der Arbeitsgesellschaft bereichern, finden im folgenden Abschnitt ihren besseren Platz.

2.4 Von der Vita contemplativa zur Vita activa oder: Von der einen Wahrheit zur Entscheidung

Mit dem Beginn der Neuzeit setzt ein Prozeß ein, in dessen Verlauf sich die Relationen sowohl zwischen Vita activa und Vita contemplativa als auch innerhalb der Tätigkeiten der Vita activa mit weitreichenden Folgen verändern.

Einen zentralen Stellenwert in diesem Prozeß nimmt die Reformation ein. Mit ihr endet das Reich der einen allumfassenden Wahrheit der katholischen Kirche, die für die ganze Gesellschaft bzw. dem Anspruch nach für die ganze Menschheit Geltung besitzen sollte.

Heute mag man die Differenz zwischen den beiden Wahrheiten, der katholischen einerseits und der protestantischen andererseits, als klein oder gar verschwindend einschätzen im Vergleich zur Differenz, die das gesellschaftliche Leben gegenüber den Auffassungen der christlichen Kirchen insgesamt kennzeichnet. Aber das Auftreten einer zweiten Wahrheit in einer Welt, in der über Jahrhunderte alles an der einen Wahrheit orientiert war, mußte revolutionär wirken. Es setzte einen Prozeß in Gang, dessen Auswirkungen erst heute voll zur Durchsetzung gelangen.

Konnte es ursprünglich noch darum gehen festzustellen, welcher der beiden Wahrheitsansprüche denn eigentlich die eine Wahrheit sei, und wurden Versuche (zur Not auch mit Gewalt) unternommen, den eigenen Wahrheitsanspruch auf Kosten des anderen durchzusetzen, so ändert sich die Situation dann gravierend, wenn die Rückkehr zu einer allumfassenden Wahrheit nicht gelingt – wenn also beide Wahrheiten und in der Folge natürlich viele Wahrheiten nebeneinander existieren können:

Es ist dann unvermeidlich, daß an die Stelle der Wahrheit als des obersten Werts die Entscheidung tritt. Denn wenn es (mindestens) zwei miteinander konkurrierende Wahrheiten hinsichtlich desselben Gegenstandsbereiches gibt, so muß man zwischen ihnen wählen. Nicht mehr die Übereinstimmung mit der einen, immer schon vorhandenen Wahrheit, die es bloß zu finden (nicht herzustellen) gilt, ist dann das Entscheidende, sondern die Auswahl eines der Angebote, mit der man es für sich und für die Gemeinschaft Gleichgesinnter erst zur (subjektiv) verbindlichen Wahrheit macht.

Dieser Wechsel von der Wahrheit zur Entscheidung stellt einen kulturellen Einschnitt dar, den man nicht tief genug veranschlagen, den man überhaupt erst aus entsprechender Distanz in seinen verschiedenen Aspekten erfassen kann. Einige der wichtigsten dieser Aspekte seien hier aufgeführt.

1. *Es handelt sich um einen Wechsel vom* Primat der „Theoria“, *in ihrem ursprünglichen Sinn der Wahrheitsschau, zum* Primat der Praxis, *von der Vita contemplativa also zur Vita activa.*

Gibt es die eine Wahrheit, dann kann das höchste Ziel nicht darin bestehen, an ihr Veränderungen vorzunehmen, sie weiterzuentwikkeln oder sonst in sie einzugreifen. Ein solcher Eingriff würde bloß bedeuten, daß man die Wahrheit verfälscht und Illusionen erzeugt. Es gilt vielmehr, sie möglichst ungestört und pur zur Geltung kommen zu lassen: Man kann sich ihr annähern, indem man (über) sie nachdenkt. Am reinsten jedoch wird sie sich zeigen, wenn man sich darauf beschränkt, sich für sie offenzuhalten (bzw. offen zu machen), damit man in der Lage ist, sie, wie sie ist, zu schauen.

Philosophisches Nachdenken ist in diesem Fall, wie schon erwähnt, bestenfalls Vorbereitung auf eine solche Wahrheitsschau, und selbst dies nur dann, wenn es ihm gelingt, Illusionen aufzulösen. Am effektivsten und am radikalsten erfüllt die Philosophie diese Vorbereitungsfunktion dann, wenn sie in der Lage ist, vermeintliches Wissen aufzulösen und ersatzlos ins Nichtwissen zu führen, wie Sokrates das getan hat.

Wenn es eine Wahrheit gibt, so hat also die Vita contemplativa den höchsten Stellenwert im menschlichen Leben. Und in der Vita activa ist diejenige der drei Tätigkeitsformen am wertvollsten, die der Vita contemplativa bzw. der Wahrheit am nächsten kommt, auch wenn sie immer noch weit von ihr entfernt ist und weit unter ihr rangiert. Gemeint ist das Handeln, denn es stellt diejenige Tätigkeitsform der Vita activa dar, welche mit der Schaffung sozialer und politischer Sachverhalte die am wenigsten materiell greifbare Realität hervorbringt, indem sie Einheit durch das Verhandeln von Unterschieden erzeugt und erhält.

Mit der Auflösung der einen Wahrheit verliert die Vita contemplativa ihren Inhalt. Es kommt Bewegung in die Vita activa. Es gilt nun, alle praktischen Fähigkeiten zu entwickeln und zu schärfen. Denn die auf Arbeit, Herstellen und Handeln bezogenen menschlichen Interessen und Bedürfnisse gewinnen an Bedeutung. Auch wird es nicht mehr so leicht sein, diesen Tätigkeitsformen einen unterschiedlichen Rang im menschlichen Leben zuzuweisen. Denn es gibt den Maßstab nicht mehr, an dem der Wert der jeweiligen Tätigkeitsform gemessen werden kann.

Mit dem Verschwinden der einen Wahrheit und der Abdankung der Vita contemplativa als gesellschaftlicher Leitwert ist also eine Schiene gelegt, die in die moderne Tätigkeitsgesellschaft führt. Nicht, daß dies die erklärte Absicht der Reformation gewesen ist. Es kommt dadurch zustande, daß sie neben dem einen, Ausschließlichkeit und Allgemeingültigkeit behauptenden Wahrheitsanspruch der katholischen Kirche einen zweiten errichtet, dem es gelingt, sich im Felde zu halten. Unterstützt wird diese konesquenzenreiche Wendung zur Vita activa allerdings auch dadurch, daß Luther die Arbeit zu einem Wesensmerkmal des Menschen erhebt.

2. *Der Wechsel von der einen Wahrheit zur Entscheidung markiert gleichzeitig den Wechsel von der* Objektivität *zur* Subjektivität, *mit dem ein wesentlicher Baustein auf dem Weg der* Individualisierung *gesetzt ist.*

War die eine Wahrheit von objektivem Anspruch, unantastbar, gesetzt bzw. geoffenbart, daher sowohl dem Zugriff der Einzelperson entzogen als auch für alle gleicherweise gültig, so ist die Entscheidung subjektiv, kommt überhaupt nur zustande, wenn jeder sie für sich trifft. An die Stelle der Wahrheit als gesellschaftlichem Leitwert sind Wert und Würde des einzelnen Menschen getreten. (Aus dem religiösen Kontext heraus gesprochen, der den wesentlichen Anstoß zu dieser Entwicklung gab, heißt das: Das Gewissen wird zur obersten Instanz anstelle des kirchlichen Lehramts, das die eine Wahrheit gehütet hatte.)

Die Entscheidung, aufgrund deren die Auswahl getroffen wird, ist grundsätzlich erneuerbar, wenn andere Überlegungen und Evidenzen etwas anderes näherlegen. Man muß sich dabei vorwiegend auf die eigenen Wahrnehmungen, Einschätzungen, die eigene Urteilskraft und auf das eigene Gewissen verlassen.

Hat die Wahrheit den Anspruch, etwas über die Realität auszusagen, so sagt das Resultat der Entscheidung mehr aus über den, der sie getroffen hat, als über die Realität, für die er sich entschieden hat. Die Wahrheit kann also ein Bild von der Ordnung der Welt und des Kosmos zeichnen, in dem alles seinen Platz und Sinn hat. Die Entscheidung hingegen sagt mehr über die *Bedürfnisse und Interessen des Menschen* aus. Insofern wird mit diesem Wechsel von der Wahrheit zur Entscheidung die vorrangige Realität zur *psychischen und sozialen Realität.*

Wir werden später weitere Folgen dieses Wechsels von der Objektivität zur Subjektivität nennen.

3. *Der Wechsel von der einen Wahrheit zur Entscheidung stellt auch den ersten Schritt zur* Pluralität der modernen Gesellschaft *dar. Von ihr zum Motto* Mehr ist besser *scheint nur ein kleiner Schritt.*

Je größer die Zahl der Alternativen, aus denen ausgewählt werden kann, desto größer die Chance, daß eine von ihnen meinen Vorstellungen, meinem Wunsch, meinem Bedürfnis entspricht. Und je mehr jeder die reale Möglichkeit hat, nach seiner Fasson selig zu werden, desto größer die Vielfalt in einer Gesellschaft.

Entsprechend liegt eines der Ziele moderner Tätigkeit in der Erweiterung von Alternativen in jeder nur denkbaren Hinsicht. Egal ob es sich um wissenschaftliche Erkenntnis handelt, um psychische und soziale Sachverhalte oder um die Wirtschaft – es geht immer um die Vermehrung der ohnehin vorhandenen Vielfalt. Erkenntniszuwachs, Befreiung von psychischen Fixierungen (auf eine Wahrheit, die Symptom genannt wird), Vermehrung der sozialen Kontakte, Erweiterung der Handlungsspielräume (etwa als Ziel der Supervision) oder Wirtschaftswachstum – all das sind hochbesetzte Werte (Gross 1994). Alle stehen im Dienst der Vita activa und der auf sie zugeschnittenen und beschränkten Vielfalt der Lebensmöglichkeiten. Die von Arbeit bestimmte Konsumgesellschaft stellt nur eine, allerdings eine sehr dominante Ausprägung dieser Grundtendenz dar, die sich durch alles durchzieht.

Nach dem Verlust der einen Wahrheit scheint es zunächst nichts zu geben, was dieser Tendenz entgegengesetzt werden kann. Es sei denn, man denkt an die Wiederbelebung der Vorstellung von der einen Wahrheit. Dieser Versuch läuft angesichts der Pluralität allerdings Gefahr, als fundamentalistische Rückkehr zu überholten Formen gesellschaftlichen Lebens zu erscheinen.

Wir werden später sehen, daß es doch etwas gibt, das im Gegensatz zu dieser Tendenz des *Mehr ist besser* steht, ohne fundamentalistische Wiederaufbereitung der verbrauchten Idee der einen Wahrheit zu sein. Es handelt sich um etwas, das dem *Mehr ist besser* deshalb glaubwürdig entgegengesetzt werden kann, weil es mit ihm entsteht und mit seiner Entfaltung immer deutlicher in Erscheinung tritt.

Hier sei eine Ergänzung zu dem Wechsel von der einen Wahrheit zur Entscheidung angefügt, mit der ich auf etwas hinweise, was uns im letzten Kapitel beschäftigen wird: Wir kennen die dargestellten Konsequenzen dieses Wechsels auch jenseits der hier genannten religiösen Problematik und der gesamtgesellschaftlichen Umwälzungen, die damit verbunden waren. Wir finden sie z. B. ganz analog im Prozeß, in dem sich moderne Organisationen aus der Hierarchie heraus entwickeln. Wir finden sie ebenso dort, wo man versucht, multimethodische Kooperation durchzuführen. Überall stellt der Verlust der einen, etwa organisatorischen oder professionellen Wahrheit eine Revolution dar in Hinsicht Kontingenz der Organisationsform oder Relativierung der Professionen. Es ist eine Revolution, die lange Zeit braucht, bis sie überhaupt Anerkennung findet, geschweige denn praktisch adäquat beantwortet werden kann.

Solange die Hierarchie intakt und als heilige Ordnung unberührbar, d. h. mit einem Tabu organisatorischer Reflexion belegt war, konnte sie als einzig mögliche Organisationsform ausschließliche Geltung beanspruchen. Sie stellte die unumstößliche Wahrheit aller Organisation dar. Mit der Hierarchiekrise entstand zwar die Notwendigkeit, Alternativen zur Hierarchie zu entwickeln, gleichzeitig konnten sie sich so lange nicht durchsetzen, wie die „Wahrheit" auf seiten der Hierarchie war.

Es nahm einige Zeit in Anspruch und brauchte eine Verschärfung der Krise, bis sich Alternativen als gleichrangig etablieren konnten. Und es dauerte lange, bis es zu einem Verständnis von Organisation kam, in dem es nicht mehr darum ging, die eine wahre Organisationsform zu hüten, sondern pragmatisch und situationsangemessen diejenige Organisation zu entwickeln, die den anstehenden temporären Aufgaben entsprach. Organisation ist damit so etwas wie permanentes Projektmanagement geworden.

Ganz ähnliches gilt, wie anläßlich der Beschreibung des Verhältnisses von Professionellen und Laien (siehe 1.4.3) ausgeführt, für multimethodische, fachübergreifende Kooperation. Sie kann nur gelingen, wenn jeder der Fachexperten den Anspruch auf Wahrheit in seinem Fach aufgibt und akzeptiert, daß er vorwiegend Modelle, Landkarten mit bedingter Brauchbarkeit, zur Verfügung stellen kann, Landkarten, die helfen, sich zu orientieren, aber über die Landschaft relativ wenig aussagen.

2.5 Von der Vita activa zur Arbeitsgesellschaft

Die neuzeitliche Verschiebung des Schwerpunkts vom Primat der Wahrheit zum Primat der Entscheidung macht die Wendung der Gesellschaft von der Vita contemplativa zur Vita activa verständlich: Was soll schließlich Kontemplation, wenn es keine unumstrittene Wahrheit gibt, für deren Wahrnehmung man sich offenhalten muß, ohne sie durch eigenen aktiven Zugriff beeinflussen, verbessern, vermehren zu können, deren Schau man sich vielmehr bloß hingeben kann?

Muß man hingegen wählen zwischen den vielen nun entstehenden Wahrheiten, so erhalten sie mehr den Charakter von Entscheidungsalternativen in einer durch Pluralität gekennzeichneten Welt als von Wahrheiten. Und wenn es darum geht, die eigene Wahl zu treffen und gegen andere Wahlen zu verteidigen, so ist in mehrfacher Hinsicht Aktivität gefragt.

Warum aber gerade die Arbeit diejenige Form der Aktivität sein soll, der nun die höchste Wertschätzung entgegengebracht wird, und warum ihre Logik auf die anderen Tätigkeitsformen der Vita activa übertragen wird, das bedarf einer Erklärung. In der Folge sollen einige Überlegungen zu dieser Frage angestellt werden. Zunächst allerdings seien die Annahmen genannt, von denen wir uns leiten lassen.

- Unsere heutige Unterscheidung von Theorie und Praxis, von theoretischer und praktischer Fragestellung, von theoretischem und praktischem Interesse ist als Folge der Entwicklung anzusehen, die mit dem Verlust der einen Wahrheit und der Vita contemplativa einsetzt. Für die Zeit davor stellt sie keine Unterscheidung von ausreichendem Erklärungswert dar, weil beides viel unmittelbarer miteinander verbunden war als heute.
- Dennoch kann man in der Sprache dieser Unterscheidung die Behauptung wagen, daß im Vordergrund der Orientierung an der einen Wahrheit nicht das Bedürfnis nach einer objektiven theoretischen Erkenntnis der Wirklichkeit gestanden hat. Vielmehr stand die größere Nähe (oder gar Einheit) von Theorie und Praxis im Dienste der Beantwortung dessen, was wir heute als die Frage nach dem Sinn des Lebens (und aller Realität) bezeichnen würden.
- Dieser Sinn war im Überschreiten aller bestimmten und bestimmbaren Realität lokalisiert worden. Die Wahrheit, die in der Kontemplation geschaut werden und dem Leben seine Erfüllung geben sollte, war eine transzendente Wahrheit. (Das heißt nun gerade nicht, daß es sich dabei um ein schlechtes Jenseits im Sinne einer Gespenstermetaphysik handelt, um ein Jenseits, das bloß eine luftige Verdopplung des Diesseits darstellt, wie dies manche sehr materielle Vorstellungen vom „Himmel" nahelegen.)

- Mit dem Verlust der einen Wahrheit ist die Transzendenz – oder, etwas psychologisierender gesagt, das Bedürfnis, zu aller Realität etwas zu finden, das sie relativiert, indem es über sie hinausgeht – gegenstandslos geworden. Die Frage ist allerdings, ob gegenstandslos meint, das Bedürfnis nach Transzendenz sei mit dem Verlust der einen Wahrheit nun irrelevant geworden. Oder ob es bedeutet, daß das Bedürfnis nach Transzendenz zwar weiterhin relevant bleibt, aber heimatlos und deshalb auf der Suche ist – einer Suche, die um so drängender wird, je weniger der einzige verbleibende Ort, an dem gesucht werden kann, die Vita activa, eine angemessene Heimat bietet. Einige Befunde, von denen gleich die Rede sein wird, lassen vermuten, daß letzteres zutrifft. Diese Vermutung weckt unser Interesse nachzusehen, *in welcher Weise die Transzendenz in einer auf Immanenz beschränkten Welt zu ihrem Recht kommen kann.*
- Der Verlust der einen Wahrheit bedeutet einen Verlust an Sicherheit, der auch die zwar ehemals unendlich weit von der Wahrheit entfernte, aber doch in ihrem Schatten gelegene Welt trifft. Die Einheit der Welt, in der alles seinen sicheren, dauerhaften Platz hatte, weil es schattenhaftes Abbild und Symbol der einen transzendenten Wahrheit war, löst sich auf.
- Es entsteht Unsicherheit und damit ein hoher Bedarf an Unsicherheitsabsorption. Denn im Untergehen hat sich die eine Wahrheit (in der Theorie und Praxis vereint waren) in zwei Fragen aufgelöst (mit denen sich beides voneinander scheidet, auch wenn es aufeinander bezogen bleibt) – Fragen, die nun unter erschwerten Bedingungen nach Antwort verlangen. Und da diese Bedingungen den Horizont darstellen, in dem die Fragen gestellt werden können, seien sie zuerst genannt:

1. Mit der einen Wahrheit ist zugleich die Möglichkeit verlorengegangen, zur Beantwortung der Fragen auf eine legitimierte Autorität zurückgreifen zu können.
2. Die Antworten müssen auf dem Boden der Vita activa gegeben werden. Es ist kein anderer Boden mehr vorhanden.

Die beiden Fragen lauten:

1. Was kann ich als wahr erkennen? Dabei darf das Adjektiv „wahr" nicht zu einem nunmehr überholten Blick in jenseitige Gefilde ver-

leiten. Es kann nur mehr um die Erkenntnis einer Welt gehen, deren Grenzen durch die Möglichkeiten der Vita activa gesteckt sind.

2. Was kann ich tun? Auch diese Frage kann sich immer mehr auf die drei Formen der Vita activa erstrecken. Dennoch ist sie als Frage nach dem Sinn unabweisbar. Aber dieser Sinn wird ein praktischer Sinn sein. Sogar wenn die Frage in ihrer Formulierung zunächst noch in der religiösen Tradition gestellt wird, aus deren Untergang sie sich so drängend ergibt – als Frage nach der Heilssicherheit –, so wird ihre Antwort nur mehr auf dem Feld der Vita activa gegeben werden. Das führt zu einer einigermaßen paradoxen Situation. Denn die Antwort auf die Frage nach dem Sinn der Vita activa wird auf die Vita activa zurückverwiesen. Der Sinn des praktischen Lebens liegt dann in seinem Erfolg. Aber sehen wir genauer hin.

2.5.1 Statt Wahrheitsschau: Erkenntnis als praxisrelevante Konstruktion der Welt

Zur Wendung von der einen Wahrheit zur Entscheidung paßt die in der Folge der Reformation einsetzende *Wendung im dominanten Paradigma der Erkenntnis,* die mit zwei großen Namen verbunden ist, mit Galileo Galilei und mit René Descartes. Beide potenzieren mit ihren Erkenntnissen und Hypothesen die Unsicherheit, welche mit dem Verlust der einen Wahrheit entsteht. Was auf dem Feld der religiösen Wahrheit begonnen hat, wird nun auf dem Gebiet der wahrnehmbaren Wirklichkeit fortgesetzt.

Galilei erkundet den Sternenhimmel. Er orientiert sich dabei an seiner eigenen Beobachtung, die allerdings durch ein Instrument, das Fernrohr, geleitet ist. Daran ist mehreres bemerkenswert.

1. Das Erkenntnisinstrument ist ein technisch hergestellter Gegenstand, der ursprünglich eine praktische Funktion hatte. Er diente der Orientierung der Seefahrer. Weder ist dieses praktische Element seither aus den Methoden der nunmehr naturwissenschaftlich orientierten Erkenntnisse wegzudenken, noch auch geben die derart gewonnenen Erkenntnisse ohne ihre praktische Ausrichtung einen Sinn. Man denke an die vielzitierte Bedeutung des Experiments in den Naturwissenschaften. Es stellt die wesentliche methodische Bedingung der Erkenntnisgewinnung dar. Es beruht auf einer technischen Konstruktion, die folgerichtig zur Gewinnung technisch ver-

wertbarer Erkenntnisse führt. Seither ist das moderne Ideal der wissenschaftlichen Erkenntnis technisch, d. h. an der Machbarkeit der Dinge orientiert. Erkenntnis dient nicht mehr der Wahrnehmung einer immer schon vorhandenen natürlichen Realität (welche die übernatürliche Wahrheit abbildet), sondern der Hervorbringung einer künstlichen Welt durch den Menschen.

2. An die Stelle der Berufung auf die Offenbarung oder einen tradierten Kanon des Wissens zur Legitimation dessen, was als Wahrheit ausgegeben werden kann, sind die eigenen, immer mehr durch technische Apparaturen geleiteten Erkenntniskräfte getreten. Sie allein geben nun Orientierung. Ihnen gilt es zu folgen, wohin auch immer sie führen.

3. Die Erkenntnis setzt auf die Sinne, gleichzeitig straft sie die unmittelbare sinnliche Evidenz der Wahrnehmung Lügen. Es geht um das technisch vermittelte Vertrauen in die durch ein Instrument geführten Sinne, deren Wahrnehmung der unmittelbaren sinnlichen Wahrnehmung überlegen ist. (Somit ist ein Element des Glaubens und ein diesseitiges Jenseits in unsere Erkenntnis eingeführt. Es ist ein Jenseits der Sinne, das grundsätzlich sinnen-bezogen bleibt, auch wenn der enge Radius unserer Wahrnehmung durch immer effizientere Prothesen erweitert wird. Es ist ein Glaube an Prothesen.)

4. Es werden Erkenntnisse gewonnen, die der geltenden Vorstellung von Realität widersprechen. Das ist dann besonders verunsichernd, wenn sie, wie im Fall von Galilei, das bisherige Weltbild erschüttern.

Ist die Einheit der Welt schon durch die Reformation zerstört, so trägt der Wechsel im dominanten Paradigma der Erkenntnis noch radikaler zur Zerstörung von Welt überhaupt bei. Galileis Erkenntnisse sind dabei nur ein Anfang. Aber schon sie nehmen dem Menschen die Geborgenheit seiner Heimat im Kosmos. Die Erde wird zu einem Gestirn neben anderen und stellt nicht mehr das Zentrum der Welt dar. (Die antizipierten gesellschaftlichen Folgen dieses Weltverlustes haben die Vertreter der einen Wahrheit und der in ihr ruhenden Welt daher bewogen, nicht durchs Fernrohr zu sehen, sondern sich auf die Wahrheit der Schrift bzw. auf Aristoteles zu berufen.)

Mit dieser von verschiedenen Seiten einsetzenden Erschütterung der bislang als ewig geltenden Wahrheiten – einer Erschütterung, die zur Zerstörung einer auf Dauer angelegten Weltordnung führte – stellt sich die Frage, was denn der Mensch überhaupt als sicher und als wahr annehmen kann.

Der methodische Zweifel *Descartes'*, der hier ansetzt, vollendet die Zerstörung dieser Welt im Medium des Denkens. Descartes verallgemeinert die Erfahrung, mit der Galileis Erkenntnisse konfrontieren. Er geht davon aus, daß alle Realität eine Täuschung sein kann. Auf der Suche nach einem sicheren Fundament der Erkenntnis landet er bei der weltlosesten Tätigkeit, die vorstellbar ist, dem Denken (Descartes 1959).

Aber nicht das Denken irgend eines Gedankens gibt das gesuchte Fundament ab. Denn in jedem Gedanken könnte wieder eine Täuschung enthalten sein. Sondern es ist der Prozeß des Denkens, der zum sicheren Fundament wird, es ist die ihrer selbst gewisse Aktivität des Denkens, die dem Denken jedes Gedankens zugrunde liegt und die jeden Gedanken begleitet. So landet Descartes beim leeren Selbstbewußtsein, bei der leeren Tätigkeit des Denkens, das (an allem zweifelnd) seiner selbst (zweifellos) gewahr wird.

1. Es erscheint in unserem Zusammenhang interessant, daß an diesem Endpunkt seiner methodischen Abstraktion die Aktivität des Denkens und ihr Gegenstand, der keiner ist, unmittelbar miteinander identisch sind. Der Gegenstand wird sozusagen in seiner Wahrnehmung hervorgebracht. Die Wahrheit liegt nicht mehr in einer Realität, die unabhängig vom Denken und vor ihm vorhanden sein soll, sondern sie liegt im Denken. Die Wahrheit ist eine Wahrheit der Erkenntnis und nicht der erkannten Objekte. Und der Grund dieser Wahrheit liegt im Denken des Denkens, das sich selbst hervorbringt.

Damit wird auf einer sehr abstrakten Ebene der Mensch zum Schöpfer seiner selbst und gleichzeitig zum Schöpfer der im neuen Sinn als wahr erkannten Welt.

2. Allerdings ist die so hervorgebrachte Welt öd und leer. Sie besteht bloß aus der leeren Selbstgewißheit des Denkens. Man verfügt zwar über einen absoluten Punkt der Sicherheit. Aber von ihm gibt es keine Rückkehr zur Realität, es sei denn durch einen Trick.

Der Trick besteht einerseits darin, daß diese *Tätigkeit* des Denkens, die immer nur in konkreten Denkvollzügen (als der Bedingung ihrer Möglichkeit) mitläuft, nun zur einzig gewissen Realität erhoben und zur *Sache* gemacht wird, zur *Res cogitans*.

(Mit dem Wechsel vom Prozeß des Hervorbringens von Welt, in dem allein die neuzeitliche Sicherheit und „Wahrheit" liegt, zur sicheren „Sache", also doch zu einer hervorgebrachten Welt, wird die Radikalität des neuen Ansatzes wieder auf ein erträgliches Maß reduziert. Diese Reduktion wird noch einige Zeit wirksam bleiben. Im immer rascheren Wechsel der hervorgebrachten Welten geht die gesuchte Sicherheit allerdings wieder verloren. Damit ist der Ausweg in eine nach den erschlichenen Kriterien von Sicherheit und Stabilität hervorgebrachte Welt versperrt. Es bleibt nichts übrig, als zum Ausgangspunkt von Descartes zurückzukehren und sich auf den Prozeß des Hervorbringens als Grundlage aller Sicherheit zu besinnen. Nicht mehr in einem der hervorgebrachten Produkte, sondern in der Fähigkeit, den Prozeß des Hervorbringens zu steuern, liegt dann die einzig mögliche Sicherheit. Es sieht so aus, als würden wir uns heute gesamtgesellschaftlich an diesem Punkt befinden.)

Aber auch die Res cogitans allein reicht nicht zur Rückkehr in die Realität. Es bedarf noch eines Tricks. Descartes braucht einen Gott, der die geheimnisvolle Brücke zwischen der leeren (zum unfaßbaren, weltlosen denkenden Ding gemachten) Selbstgewißheit des Denkens und der Welt der Erscheinungen schlägt. Die Frage ist allerdings, wie Descartes von seiner reduzierten Basis der Gewißheit diesen Gott legitimieren kann, von dem er zu Beginn seiner Überlegungen noch meint, er könne ein böser, täuschender Geist sein. Er kann es nicht.

Nun hatte Descartes mit Blick auf Galilei noch fürchten müssen, ein Opfer der Inquisition zu werden. Es ist daher nicht verwunderlich, daß in späteren Zeiten, als diese Angst nicht mehr nötig war, auf den Deus ex machina als Vermittlungsinstanz verzichtet wird. Damit wächst dem sich selbst hervorbringenden Ich eine neue Aufgabe zu. Es muß versuchen, die Vermittlung zwischen seiner Weltlosigkeit und der Realität selbst vorzunehmen. Das bedeutet theoretisch ebenso wie praktisch eine Radikalisierung des Anspruchs, die Realität nach eigenem Entwurf hervorzubringen.

Realität ist seither immer aus der reinen Subjektivität des Menschen konstruiert. Entweder man setzt diese Subjektivität direkt an die Stelle Gottes und leitet die ehemals objektive Realität anstatt aus einer vorgegebenen obersten Wahrheit nun aus dem Ich ab (wie das der deutsche Idealismus versucht). Oder man wählt die bescheidenere Variante, tut Verzicht auf die Erkenntnis einer objektiven Welt und beschränkt sich in seiner Erkenntnis auf die Welt der Erscheinungen. Diese allerdings bleibt ein Produkt des menschlichen Erkenntnisvermögens. Er bringt sie vermittels seiner apriorischen Anschauungsformen und Denkkategorien als Welt der Erscheinungen hervor. Was früher die objektive Realität bzw. die ihr zugrundeliegende Wahrheit war, die es zu schauen gilt, ist zum unerkennbaren „Ding an sich" geworden.

Nach demselben Muster wie die Welt der Erkenntnis ist die Welt der Praxis gestrickt. Was ehemals die natürliche Ordnung einer vorgegebenen Welt war, ist irrelevant bzw. bloß zum Material geworden, aus dem der Mensch nach eigenem Entwurf und entsprechend seinen Zwecken seine Welt hervorbringt. Nur was ich technisch hervorbringe, kann mit Sicherheit als meine (wahre) Welt gelten, in der ich beheimatet bin.

Der Mensch hat damit einen weiteren Schritt aus der Natur heraus getan, mit der Konsequenz, daß er sie weder mehr erkennen noch in Verbindung mit ihr leben kann. Nur mehr über die Notdurft und die menschliche Art, sie zu befriedigen, also über die Arbeit bleibt er weiterhin an sie gebunden.

Arbeit ist zwar selbst kein natürlicher Vorgang. Als Tätigkeit, welche, wie gesagt, die Natürlichkeit des Menschen als freies Tier auf nicht natürliche Art repräsentiert und kennzeichnet, ist sie selbst eine hochvermittelte menschliche Tätigkeit. Dennoch stellt sie in der nun entstandenen Konstellation die einzige unmittelbare Verbindung des Menschen zur Natur dar. Auch wenn er sie nicht mehr erkennen kann, ist er gezwungen, sie laufend zu berühren und von ihr zu nehmen. Zumindest als diesen Zwang erlebt er sie in sich.

Nachdem die eine Wahrheit als absoluter Orientierungspunkt und Sicherheitsanker verlorengegangen ist, in der Folge die stabile menschliche Welt in Auflösung begriffen ist, bleibt die Arbeit als Garant einer unzerstörbaren Stabilität. Aufgrund ihrer Logik stellt sie diejenige Tätigkeit dar, die durch nichts aus ihrem ewigen Kreislauf der Wiederkehr des gleichen herausgetrieben werden kann. (Arbeiten, um zu leben, um zu arbeiten.) Sie ist eine Tätigkeit, die auf kein Ziel gerichtet ist, das außerhalb dieses Kreislaufs liegt und an dem sie zu Ende wäre.

Aber auch wenn die Arbeit der einzig verbliebene Garant von Kontinuität und Sicherheit ist, sie wird den Makel nicht los, den Menschen als freies Tier und gerade nicht seine Freiheit als Mensch zu charakterisieren. Dem kann man dadurch abzuhelfen versuchen, daß man das Wesen des Menschen schlicht in die Arbeit verlegt. Wie sich herausstellen wird, ist diese Abhilfe mit einem Zwiespalt belastet.

2.5.2 Das Verschmelzen von Arbeit und Herstellen: Herstellen nach dem Modus der Arbeit

Der Rückgriff auf die Logik der Arbeit geschieht noch auf eine andere Art (und noch aus anderen Gründen): Sie wird den anderen menschlichen Tätigkeiten, allen voran dem Herstellen, aufgezwungen.

1. Die Reduktion des Descartes auf den abstrakten Nullpunkt der Sicherheit, von dem her die Realität konstruiert werden muß, ist geschichtsmächtig geworden. Daher kann man annehmen, daß diejenige Form der Tätigkeit in der Neuzeit einen hervorragenden Stellenwert erhalten wird, der es gelingt, die verlorengegangene Welt wieder aufzubauen – subjektiviert, pluralistisch und unter Verlust der Allgemeingültigkeit. Es ist zu erwarten, daß das Herstellen die dominante Form der Tätigkeit sein wird und daß sie unter den gegebenen Bedingungen zur Errichtung einer technisch konstruierten Welt führt.

Mit Hilfe der Industrialisierung ist das auch geschehen. In aller logischen Konsequenz und immer größeren Perfektion erfüllt sie die neuzeitliche Aufgabe, die Realität in Theorie und Praxis nach eigenem Entwurf hervorzubringen. Unter Einsatz immer neuer Techniken führt sie zu immer neuen Formen intensivierten, beschleunigten, perfektionierten Herstellens.

Aber trotz all ihrer Ordnung und Perfektion kann die technische Gegenwelt dem neuzeitlichen Menschen keine verläßliche Heimat bieten. Sie verweist nicht auf die eine, jenseitige Wahrheit, sie repräsentiert sie nicht mehr, noch stellt sie einen Abkömmling von ihr dar, wie das die mittelalterliche Welt getan hat. Und sie befindet sich in permanenter Veränderung.

Nun nehmen wir nicht an, daß mit dem Verlust der einen Wahrheit auch das praktisch-religiöse Bedürfnis nach Wahrheit verlorengegangen ist. Als die Frage nach dem Sinn des Lebens wird es lebendig bleiben, ja es wird besonders virulent werden. Denn bekanntlich ist das Auftreten der Frage nach dem Sinn ein Symptom dafür, daß der unmittelbar dem Erleben zugängliche, im Gesamthorizont menschlicher Tätigkeiten wirkende Sinn verlorengegangen ist.

Da es sich um eine alte Frage handelt, ist es verständlich, daß sie zunächst in ihrem alten religiösen Gewand als die Frage nach der Heilssicherheit auftritt. Die Antwort wird allerdings den neuen Bedingungen der subjektiv hervorgebrachten Welt angemessen werden müssen. War die alte Antwort in der Wahrheitsschau der Vita contemplativa gelegen, so braucht es dafür nun ein Äquivalent. Was könnte im Diesseits der Welt der Erscheinungen der Wahrheitsschau entsprechen? Was könnte in einer Welt technisch-praktischer Hervorbringungen Sinn oder, religiös gesprochen, Heilssicherheit geben?

2. Sehen wir uns zunächst an, wie sich die Frage nach dem Sinn nun in jenem gesellschaftlichen Subsystem stellt, in dem sie vor dem Verlust der einen Wahrheit beheimatet war und ihre Antwort erhalten hat, in der Religion.

Der Verlust der einen Wahrheit bedeutet zwar eine Einbuße der gesellschaftsbestimmenden Kraft der Religion, die um so umfassender ausfällt, je mehr es der Gesellschaft gelingt, sich mit den Folgen der epochalen Wendung von der Wahrheit zur Entscheidung anzufreunden. Das ist aber nicht gleichzusetzen mit dem Verschwinden der Religion. Immerhin war es ein religiöser Impuls, der über die Reformation zur Entwicklung der diesseits-orientierten Tätigkeitsgesellschaft beigetragen hat.

Wir werden daher die neue Antwort auf die Frage nach dem Sinn eher im Protestantismus finden als im Katholizismus (der trotz relativ gewordener Position intern beim alten Anspruch bleibt, die eine Wahrheit zu besitzen). Und wenn diese Antwort der neuen Lage angemessen ist, so wird ihre Wirkung auch dann gesellschaftsbestimmend bleiben, wenn ihre religiöse Motivierung im Laufe der nun einsetzenden Säkularisierung in den Hintergrund tritt.

Tatsächlich finden wir eine Antwort, die den oben beschriebenen Bedingungen der neuen gesellschaftlichen Situation entspricht:

Der neue Maßstab für die Erwähltheit des Menschen liegt im Erfolg der Tätigkeit des Kapitalisten. Das legt uns zumindest Max Weber in seiner berühmten Untersuchung über die protestantische Ethik und den Geist des Kapitalismus (Weber 1972) in überzeugender Weise nahe als die Auffassung des Calvinismus, dem er für die Entwicklung des neuzeitlichen Kapitalismus einen zentralen Stellenwert beimißt.

Damit wird ein jenseitiges Moment ins Diesseits eingeführt, in dem es auch seine Wirkung entfaltet. Der wirtschaftliche Erfolg erhält religiösen Symbolwert. Der materielle Reichtum dient nicht der Befriedigung diesseitiger Bedürfnisse, er ist vielmehr von immaterieller Bedeutung.

Da die beiden aneinandergehefteten Momente – Heilssicherheit und wirtschaftlicher Erfolg – jedoch in einem inkompatiblen Verhältnis zueinander stehen, stellt sich die Frage, was denn als ausreichender Erfolg gelten kann. Und da diese Frage nie so zu beantworten ist, daß daraus letzte Heilssicherheit entsteht, gilt es, rastlos am weiteren Erfolg zu arbeiten. Das erwirtschaftete Kapital wird investiert, um damit mehr Kapital zu erwirtschaften, usw. Der erworbene Reichtum dient einzig seiner endlosen Vermehrung. Nicht materielle Gier ist der Grund für diese endlose Tätigkeit, sondern ein religiöses Motiv.

3. Diese Fundierung des Kapitalismus in der individuellen Suche nach dem Sinn, die mit der Wendung von der Wahrheit zur Entscheidung, von der Vita contemplativa zur Vita activa, beginnt, enthält die wesentlichen Momente der neuzeitlichen Lage der Dinge. Es ist daher nicht verwunderlich, daß sie auch ohne die religiöse Motivierung weiterwirken und sich weiter entfalten:

- Wir begegnen dem Moment des Hervorbringens einer Welt aus eigener Kraft.
- Wir befinden uns dabei immer nur in einer Welt der Erscheinung, hinter der das Ding an sich, also die Wahrheit, verborgen bleibt, aber immer weiter gesucht wird. Das Äquivalent der Wahrheit ist die immer neu hervorgebrachte Welt der Erscheinung. Das Äquivalent ihrer Schau ist der unabschließbare Erfolg im Hervorbringen. Beides läuft nach dem Motto *Mehr ist besser*.

Und das Verblüffende an diesem Prozeß: Die unendliche Tätigkeit des Hervorbringens, in die der Kapitalist aus Gründen der Heilssuche involviert ist, folgt der *Logik der Arbeit*.

Denn die kapitalistische Konstruktion eines Sinns (Auserwähltsein durch Erfolg) kann, wie wir gesehen haben, nicht halten. Weder ist sie in der Lage, eine den Menschen gemeinsame Welt zu schaffen. Sie beruht auf der individuellen Tätigkeit des einzelnen Kapitalisten. Noch läßt sie den einzelnen auch noch so von Erfolg gesegneten Kapitalisten jemals ans Ziel seiner Anstrengungen kommen. Er kann nie sicher sein, ob sein Erfolg reicht oder auch nur anhält, und lebt daher zu guter Letzt immer in Unsicherheit bezüglich seiner Erwähltheit. Was übrigbleibt, ist der aus dieser Unsicherheit gespeiste Impuls, in restloser Tätigkeit immer weiteren Erfolg zu generieren, in dem sich das Dilemma immer wieder erneuert.

Damit fügt sich die Tätigkeit des Kapitalisten letztlich der Logik der Arbeit: Das Resultat der jeweiligen Tätigkeit wird vom Zweifel daran, ob es ausreicht oder Bestand hat, aufgezehrt. Gleichzeitig wirft es die Grundlage ab für weitere erfolgreiche Tätigkeit – ähnlich wie im Kreislauf von Arbeit und Konsum das konsumierte Resultat der Arbeit die Möglichkeit gibt weiterzuarbeiten.

Nur oberflächlich gesehen, scheint der in seiner Dynamik endlose Prozeß der kapitalistischen Tätigkeit auf das Gegenteil dessen hinauszulaufen, was die Arbeit zum Ziel hat. Denn diese will den Konsum ihrer Früchte, durch welchen weitere Arbeit sowohl notwendig als auch möglich wird. Der Prozeß, in den der Kapitalist verstrickt ist, beruht aber gerade in seiner religiösen Motivierung auf Konsumverzicht. Der erwirtschaftete Reichtum wird wieder investiert zur Erzeugung größeren Reichtums. Als Maßstab des Erfolgs und Zeichen des Erwähltseins wird der Reichtum nie an den erzeugten oder gar zum Konsum erworbenen Produkten, sondern er wird in seiner virtuellen Form gemessen, als Kapital, das der Erzeugung weiteren Reichtums dient.

Dennoch scheint es sich in beiden Fällen, dem der Tätigkeit des Kapitalisten und dem der Arbeit, um die gleiche Dynamik zu handeln. Bloß findet der Konsum im Falle des Kapitalisten nicht im natürlichen Lebensprozeß statt, sondern auf einer anderen Ebene: Der Zweifel an der Gültigkeit des Erfolgs verzehrt das Resultat, weil er dessen symbolischen Wert (Erlösung) zweifelnd vernichtet, und gewinnt aus dieser Vernichtung die Kraft, weitere Resultate hervorzubringen, in denen sich der ganze Prozeß erneuert.

Wie immer erfolgreich der Kapitalist tätig ist, er kommt nie aus seiner Not heraus. Und so zynisch es auch klingen mag, dieses Schicksal teilt der frühe Kapitalist mit dem frühen Arbeiter im Kapitalismus. Auch er ist in den Prozeß des Herstellens von Produkten so eingespannt, daß es seiner Tätigkeit nicht möglich ist, im Produkt an ihr Ziel zu kommen, wie das zur Logik des Herstellens gehört. Es gelingt ihm nicht, sich mit seiner Tätigkeit eine Welt von einiger Sicherheit und Dauer hervorzubringen. Denn weder erzeugt er Gegenstände zum eigenen Gebrauch. Noch erhält er eine Entlohnung, die seiner Tätigkeit angemessen ist und es ihm erlaubt, sich eine solche Welt aufzubauen. Da die Entlohnung so bemessen ist, daß sie gerade zum nackten Überleben oder nicht einmal dazu ausreicht, stellt sie die zum Konsum bestimmten Früchte seiner Tätigkeit in virtueller Form dar. Sie ist nicht Kapital, sondern reicht bestenfalls zur Befriedigung der Notdurft aus und versetzt ihn somit nur in die Lage weiterzuarbeiten. In Form seiner Entlohnung wird seine Tätigkeit verwandelt in Arbeit. Er wird unter diesem Gesichtspunkt mit Recht Arbeiter genannt (auch wenn er nach dem hier verwendeten Sprachgebrauch ein herstellend Tätiger ist).

Beide, Kapitalist und Arbeiter, befinden sich bezüglich der Dynamik ihrer Tätigkeit in demselben der Logik der Arbeit gehorchenden endlosen Kreislauf, der nie an ein Ziel und zur Ruhe gelangt, es sei denn, man deklariert ihn selbst zum Ziel.

Gelänge dies – wäre es also möglich, den Sinn menschlichen Lebens auf den Kreislaufs von Arbeit und Konsum zu beschränken –, so würde man tatsächlich beim glücklichen Sisyphus landen, wie ihn Camus darstellt. In der Ermangelung einer anderen Form von Sinn wäre die Bestimmung des Menschen identisch mit seinem Aufenthalt im Reiche der Notdurft, in dem die Arbeit als dominante Tätigkeitsform herrscht. Es würde eine Beschränkung des menschlichen Lebens auf den Lebensprozeß bedeuten.

Das ist nur möglich, wenn man einerseits auf jeden Anspruch auf Sinn, der darüber hinausgeht, verzichtet; wenn es andererseits tatsächlich gelingt, mittels der Arbeit ein menschenwürdiges Leben in diesem Kreislauf zu führen, d. h. zumindest, daß man keine Not leidet. Den Rückgriff auf diese Möglichkeit kann man vor dem Hintergrund des im folgenden skizzierten Widerspruchs als die bessere

Notlösung sehen (besser gänzlicher Verzicht auf Sinn als sinnlose Steigerung einer Tätigkeitsform, die ihrer Logik nach nicht auf Steigerung aus ist).

2.5.3 Wachstum und Fortschritt: Transzendenz diesseitig

Wir sind auf der Suche nach dem Sinn – auf die der Kapitalist (der sich die Frage leisten kann) unter den Bedingungen der neuzeitlichen Tätigkeitsorientierung gegangen ist – bei der Logik der Arbeit gelandet. Machen wir, sozusagen, die Probe auf die Plausibilität der vorangestellten Überlegungen, und versuchen wir, den umgekehrten Weg zu gehen. Beginnen wir bei der Logik der Arbeit, und wir werden zu einem ähnlichen Resultat gelangen.

Was tut man also, wenn über die Logik der Arbeit hinaus nichts zur Verfügung steht, das dem ehemaligen Reich der Freiheit entspricht, in dem man die Wahrheit schauend zu Hause war? Wenn nichts zur Verfügung steht, das den Kreislauf des Lebens transzendiert, ihm gegenüber ein Mehr darstellt – sich die Frage nach dem Sinn des Lebens aber mit diesem Kreislauf allein nicht beruhigen läßt und ein Mehr gefragt bleibt?

Wenn jenseits der Arbeit kein Ort mehr zu finden ist, der ein solches Mehr enthält, dann kann man zumindest versuchen, dieses Mehr dort anzusiedeln, wo man sich ohnehin befindet. Man speist es in den Kreislauf des menschlichen Lebens ein und veredelt die Arbeit mit ihm. Man kann dabei zurückgreifen auf die seit dem Verlust der einen Wahrheit zumindest latent vorhandene Vorstellung, daß mehr besser ist als weniger.

Das sieht folgendermaßen aus: Anstatt bei dem schlichten Kreislauf des Lebens zu bleiben – dem Kreislauf, der sich in Arbeit, dem Verzehr ihrer Früchte und weiterer Arbeit selbst verzehrt –, reichert man ihn an mit der Idee des endlosen Fortschritts, Wachstums, der technischen Perfektionierung. Man versteckt die Antwort auf die unabweisbare Frage nach dem Sinn des Lebens in dieser Anreicherung.

Der Sinn des Lebens liegt seither darin, mehr Lebensmöglichkeiten zu schaffen und mehr Arbeit, um sie sowohl hervorzubringen als auch zu erwerben, damit man sie ihrer Zerstörung durch Konsum zuführen kann. Das Reich der Freiheit ist in einem solchen Mehr sowohl präsent als auch in unendliche Ferne gerückt.

Dieser ewige Kreislauf und seine endlose Anreicherung wird in der Logik des kapitalistischen Wirtschaftssystems und seinem Pendant, der Konsumgesellschaft, vorbildlich durchgespielt. Mehr Produktion von Konsumgütern bedeutet mehr Arbeit. Sie dient sowohl dazu, die Konsumgüter herzustellen, als auch dazu, sich die Mittel zu verschaffen, die Güter zu erwerben. Diese sollen ihrerseits im Konsum vernichtet werden. So bleibt man unter der Notwendigkeit weiterer Produktion und weiteren Konsums stehen.

2.5.4 Das Geld und die Transzendenz

Die Reduktion aller Tätigkeit auf Arbeit und der Kreislauf von Arbeit und Konsum könnten der Auffassung Vorschub leisten, das kapitalistische Wirtschaftssystem würde ein Bedürfnis spirituellen Ursprungs auf recht materielle Weise zu stillen versuchen und sich damit in ein auswegloses Dilemma begeben. (Die Produkte versprechen Glück und Erlösung, können dieses Versprechen nicht einlösen, denn mit ihrem Erwerb stellt sich heraus, daß sie bloß Produkte von beschränktem Nutzen sind. Sie werden daher in einen Prozeß eingebaut, in dem sie auf das nächste, verbesserte, erneuerte, schöner hergerichtete Produkt verweisen, das nun das gegebene Versprechen halten soll. Das ist ihm genauso unmöglich wie seinem Vorgänger. Da es aber die Hoffnung nicht zerstören soll, daß ein Produkt der Arbeit die Erlösung bringt, verweist es auf seinen Nachfolger, dem es genauso gehen wird. Auch damit befindet es sich in der Situation seines Vorgängers …)

Nun verfügt dieses unsere Gesellschaft weithin prägende Wirtschaftssystem über eine viel elegantere Möglichkeit, die Transzendenz diesseitig anzusiedeln und dabei das Diesseits auf diesseitige Art (beinahe) zu überwinden. Dies gelingt mittels eines Instrumentes, in dem sich die Reduktion aller Tätigkeit auf die Logik der Arbeit vollendet, das aber gleichzeitig die Arbeit zu überwinden scheint. Es sieht so aus, als würde damit das Reich der Notwendigkeit verlassen und das Reich der Freiheit betreten. Diese (beinahe) geistige Perspektive eröffnet uns das Geld in einer seiner Funktionen.

Das Geld stellt in unserer arbeitsteiligen Gesellschaft einmal das zum Konsum bestimmte Resultat der Arbeit in virtueller Form dar (Geld als Tauschmittel). In dieser Funktion ist es der Logik der Arbeit unterworfen, und sein Sinn liegt darin, daß es ausgegeben wird.

Darüber hinaus kann Geld *Vermögen* sein (vgl. dazu Schwarz 1995). In dieser Funktion liegt sein Sinn nicht darin, daß es ausgegeben, sondern daß es vermehrt wird.

Nur auf den ersten Blick scheint es sich dabei um eine absurde Dynamik der sinnlosen Selbstvermehrung zu handeln, die dem Vermögen innewohnt. Auf den zweiten Blick ändert sich der Anschein. Vermögen hat, so scheint es, gerade kraft dieser Dynamik die angenehme Eigenschaft, von der Logik der Arbeit zu befreien, die Fesseln der Notdurft zu lösen und ins Reich der Freiheit zu führen. Bei noch genauerem Hinschauen sieht es so aus, als würde das Vermögen überhaupt von der neuzeitlichen Reduktion auf die Welt der Erscheinungen erlösen und mit den wunderbaren Mitteln der kapitalistischen Moderne den verschütteten Zugang zu einer Wahrheit jenseits der Vita activa wieder freilegen. Nach dem Verlust der einen, transzendenten Wahrheit stellt das Vermögen die am meisten vergeistigte Form dar, sich in unserer Gesellschaft der verbliebenen, diesseitig gewordenen Transzendenz zu vergewissern. Recht verstanden enthält es eine nur mehr mit einem dünnen Faden am Materiellen hängende Antwort auf die Frage nach dem Sinn des Lebens. Sieht man schließlich ganz genau hin, so entpuppt sich der dünne, an ein bloß mehr geistiges Band erinnernde Faden doch wieder als eine kräftige Fessel. Das Vermögen kann auch nicht halten, was es verspricht. Aber eben erst in letzter Hinsicht. Bis dahin simuliert es dem, der seiner Logik folgt, Geistigkeit und Transzendenz.

Vermögen enthält einen Widerspruch. Es bedeutet die Steigerung der Möglichkeiten, des Potentials, der Potenz dessen, der über es verfügt. Man vermag dem Motto *Mehr ist besser* mit Vermögen besser zu entsprechen als ohne Vermögen. Mit Vermögen vermag man mehr. Alle Möglichkeiten verweisen aber auf ihre Verwirklichung. So auch diejenigen Möglichkeiten, die das Vermögen bereitstellt. Die Potentialität, die es repräsentiert, soll aktualisiert werden. Es soll in Produkte und Dienstleistungen umgesetzt werden. Wird es das allerdings zur Gänze, so verschwindet es als Vermögen. Ist es durch seine Aktualisierung, durch seinen Gebrauch verbraucht, hat man alles ausgegeben, dann ist das Vermögen weg.

Vermögen hat also eine unmittelbare Bestimmung und einen „höheren“ Sinn. Beide scheinen einander auszuschließen. Denn es würde dem Sinn und der Logik des Vermögens widersprechen, wenn das, worauf es als Potentialität zielt, seiner unmittelbaren Bestimmung zugeführt, wenn es also in Aktualität übergeführt würde. Indem es zum Vermögen gehört, immer mehr Möglichkeiten zur Verfügung zu stellen, transzendiert es seinem Sinn nach alles Gegebene, Bestimmte, Aktualisierte. Es kann diesem Sinn nur dann gerecht werden, wenn seine Transzendenz nicht verlorengeht. Vermögen dient also entgegen seiner unmittelbaren Bestimmung, die darin liegt, realisiert zu werden, im Gegenteil dazu, erhalten zu bleiben. Es widerspricht der Logik des Vermögens, statt mehr weniger zu werden. Sein Gebrauch darf nicht dazu führen, daß es dahinschmilzt (man darf bestenfalls die Zinsen des Vermögens verbrauchen).

Man raubt dem Geld seinen Charakter als Vermögen und verwandelt es wieder in ein Tauschmittel, wenn man es seiner Möglichkeitsform entkleidet und in reale Güter umsetzt. Somit würde man wieder in die Tiefen der Arbeitsgesellschaft abstürzen, der Dynamik des Prozesses anheimfallen, der dem Erwerb von (Konsum-) Gütern und Dienstleistungen mittels Geld als Tauschmittel dient. Dieser Dynamik hätte man durch das Vermögen entkommen sollen.

Aber auch ein Gebrauch von Vermögen, der nur seine Erhaltung ermöglicht, ohne primär in seinem Dienst zu stehen – also etwa ein Gebrauch, der sich nur auf den Verbrauch der Zinsen beschränkt –, ist der Logik des Vermögens nicht angemessen. Denn, genaugenommen, beschädigt auch er es in zweifacher Hinsicht.

Erstens vollzieht auch ein solcher Gebrauch den Wechsel vom Geld als Vermögen zum Geld als Tauschmittel. Er beraubt es damit seines Wesens als Vermögen, entzieht ihm seine sinnstiftende Transzendenz. Nur mehr seiner Größe wegen suggeriert es dann Unendlichkeit und Transzendenz. Es ist die schiere Menge, in der das Geld bei diesem die „Substanz" erhaltenden Gebrauch zur Verfügung steht, die es als Vermögen erscheinen läßt. Sein Gebrauch entlarvt es als Tauschmittel ohne jede Transzendenz. Denn jede der unendlich vielen möglichen Anschaffungen, sie mögen vor ihrem Erwerb noch so sehr das Glück und die Erlösung versprechen, ist danach mit dem Charakter der Endlichkeit geschlagen, der sich immer wieder aufs neue zeigt.

Zweitens kommt ein Gebrauch des Vermögens, der es zwar nicht vermehrt, aber auch nicht vermindert, dennoch seiner Verminderung gleich. Denn wenn es den Zuwachs an Möglichkeiten repräsentieren soll, dann gehört dazu auch der eigene Zuwachs. Der Zuwachs an Möglichkeiten will weiteren Zuwachs an Möglichkeiten. Das Vermögen muß in Anwendung auf sich selbst zeigen, ob es das kann, was es verspricht: Möglichkeiten vermehren. Erst dann ist es glaubwürdig, stimmt für sich mit seiner Logik überein. Und es hält es nur dann bei sich selbst in Reinkultur aus und braucht keine Anleihen bei seinem Verwandten (beim Geld in seiner Funktion als Tauschmittel) zu machen.

In letzter Konsequenz und in seiner reinsten Form erlaubt es das Geld also dann am besten, der verbliebenen Transzendenz, die es als Vermögen repräsentiert, teilhaftig zu werden, wenn es bloß dazu eingesetzt wird, sich selbst zu vermehren.

Es liegt nah zu meinen, daß die Bildung von Vermögen das geistige, um nicht zu sagen spirituelle Ziel der Arbeitsgesellschaft darstellt. Denn Vermögen, seiner inneren Dynamik entsprechend gehandhabt, befreit in mehr als einer Hinsicht aus dem Reich der Notdurft. Nicht nur befreit es vom Joch der Arbeit. Es befreit, recht verstanden, auch von deren Äquivalent, dem Konsum. Seine Dynamik verpflichtet dazu, es weder zu verbrauchen noch auch nur durch Gebrauch zu vermindern. Sie verpflichtet dazu, seinen Gebrauch, wenn er denn der Schwäche des Fleisches wegen nicht auszuschließen ist, so wenigstens derart zu begrenzen, daß sich das Vermögen dennoch vermehrt (man darf bestenfalls die Zinseszinsen verbrauchen).

Allein der Heilige des Vermögens, der sich dessen innerer Logik ganz selbstlos hingibt, der es nur vermehrt, ohne es zu anderen, minderen Zwecken zu nutzen – der es immer in seiner Möglichkeitsform, die ja sein Wesen als Vermögen ausmacht, beläßt –, ist heute so frei, als würde er in vergangenen Zeiten die eine Wahrheit schauen. Er ist im Diesseits auf diesseitige Weise vom Diesseits erlöst. Es bedarf dazu keiner protestantischen Ethik. Die religiöse Motivierung im Calvinismus kann durch die Logik des Vermögens bestens ersetzt werden, wenn sie nicht diese Logik immer schon vorausgesetzt hat.

Am ehesten stellt die Logik des Vermögens ein den Bedingungen der Moderne entsprechendes Äquivalent der vorreformatorischen einen Wahrheit dar: In der Wahrheitsschau zeigte sich der Grund alles Seins, der in allem Sein enthalten war, ohne darin aufzugehen. Er war charakterisiert als reine Potentialität (auf deutsch:

Vermögen), die über alles, was ist, hinausweist. Was früher die geschaute Wahrheit, ist heute das Vermögen, das die Möglichkeit allen Konsums enthält, ohne in ihm aufzugehen. Denn diese Möglichkeit ist so groß, daß sie sich in keinem realen Konsumgut erschöpft oder durch seinen Erwerb auch nur vermindert würde. Sie geht über alles unendlich hinaus.

Konsum als Selbstzweck erscheint in diesem Zusammenhang eher witzlos. Wenn wir in diesem religiösen Vergleich bleiben, so ist Konsum bestenfalls die Kommunion, die in den Zustand der Gnade versetzt bzw. ihn durch Wiederholung erneuert und erhält. Der zugrundeliegende Glaube in den Herzen ist die Ausrichtung auf das Geld (als Vermögen). Die Kasinos, Lottos, Börsen, der Geld- und Devisenhandel der Banken (Treasury) können dann als die heutigen weltumspannenden Kirchen gesehen werden.

Was entspricht in diesem Vergleich der Wahrheitsschau?

So wie die Vita activa nicht zur Wahrheitsschau führte, sondern eher davon abhielt, so ist die Arbeit in ihrer traditionellen Bestimmung nicht geeignet, Vermögen zu schaffen. Denn auch wenn man für sie Geld erhält, so dient es dazu, fürs Leben verbraucht zu werden, das man einsetzen muß, um weiterzuarbeiten. Mittels der Arbeit bleibt man immer im Reich der Notdurft.

Man darf nicht arbeiten, um zu leben, und leben, um zu arbeiten, dabei immer *mehr* leben und immer *mehr* arbeiten, bis beides einander, zumindest aus Zeitgründen, ausschließt. Man muß es zustande bringen, die erforderliche Steigerung der Möglichkeiten im endlosen Kreislauf der puren Möglichkeitsform zu belassen. Sie findet dann in der Form der möglichen Erfüllung von Bedürfnissen statt – symbolisiert durch Geld. Man muß zu diesem Zweck das Geld, um es zu vermehren, selbst arbeiten lassen. Geld wird dazu benutzt, um Geld zu machen. (Nebenbei gesagt, stellt das auch einen eleganten Weg dar, um einem anderen Dilemma, das mit der Steigerung von Möglichkeiten gegeben ist, zu entkommen: Man wäre damit überfordert, sie alle zu realisieren, dennoch soll man über sie alle verfügen.)

Die Tätigkeit, die frei macht, ist eine spekulative Tätigkeit. In der Welt, in der die Vita contemplativa den höchsten Stellenwert einnahm, war die Philosophie diejenige spekulative Tätigkeit, die zur Wahrheitsschau führen sollte. Heute ist es die Spekulation mit Geld und mit Geldprodukten, die zum Ziel hat, Vermögen zu bilden und zu vermehren. Statt philosophischer also ökonomische Spekulation. Oder, genauer, ökonomische Spekulation als die Wahrheitssuche der Moderne.

Das alles auf die entfesselte Gier des Menschen zurückführen zu wollen erscheint als hilfloser Versuch, sinnstiftendes Tun, das sich unter den Bedingungen der Moderne konsequent entwickelt, auf irgendeine triebhafte Basis zu reduzieren. (Diese Basis mag wohl auch vorhanden und das skizzierte Geschehen ohne sie nicht möglich sein. Es aber aus ihr ableiten zu wollen ähnelt dem Versuch, sinnvolle Rede auf die Fähigkeit zurückzuführen, daß wir Laute mittels der Stimmbänder hervorbringen können.)

Gelingt es wirklich, den Menschen durch Vermögen aus dem Reich der Notdurft zu befreien, in dem er, der Logik der Arbeit folgend, gefangen ist? Gelingt das mit Geld als Vermögen, wenn es seiner Dynamik der reinen Selbstvermehrung nicht entfremdet, sondern angemessen gewürdigt wird?

Es kann immer nur fast gelingen. Denn der dünne Faden, mit dem das Vermögen an die materielle Welt der Arbeit gebunden bleibt, stellt ein nachhaltiges Hindernis dar. Vermögen bleibt, egal ob es realisiert wird oder nicht, immer bezogen auf das, was es ermöglicht oder ermöglichen könnte. Ohne diesen Bezug, losgelöst und getrennt von dem, was es ermöglichen könnte, verliert es seinen ganzen Sinn. Als Möglichkeit von nichts hört es genauso auf, Vermögen zu sein, wie mit seinem Verbrauch, durch den das Potential, das es darstellt, der Realisierung zugeführt wird. Vermögen stellt immer die Möglichkeit der käuflichen Erfüllung von sehr weltlichen Bedürfnissen dar. Seine Geistigkeit und Transzendenz ist insofern die kapitalistische Karikatur von Geistigkeit und Transzendenz.

Sind die soeben angestellten Überlegungen nicht etwas hoch gegriffen? Denn die Spekulanten an den Börsen und die Angehörigen verwandter Berufe als Äquivalent dessen zu sehen, was in der vorangegangenen Gesellschaft die Mystiker und Heiligen waren, mutet eigenartig an. Es setzt einen Bruch in der dominanten Logik der Gesellschaft voraus und gleichzeitig eine Kontinuität ihrer Fragestellungen.

Ich gehe davon aus, daß jeder Bruch das gebrochen fortsetzt, was er bricht. Insofern ist bei aller Differenz auch eine Kontinuität anzunehmen zwischen der Arbeitsgesellschaft und der Gesellschaft, aus der sie hervorgeht. Daher habe ich einen Vergleich zwischen den zwei Gesellschaftsformen hergestellt, indem ich der Orientierung an der einen Wahrheit, welche für die vormoderne Gesellschaft charakteristisch war, auch nach dem Verlust der einen Wahrheit weitere Wirkung zugestanden habe. Entsprechend der neuen Logik der Moderne, bedient sich die alte Orientierung an der einen Wahrheit derjenigen Inhalte, die ihr am weitesten entgegenkommen. Somit entstehen die vorgeführten symptomatischen Sachverhalte.

Der Wunsch nach Orientierung an einer höchsten Wahrheit scheint selbst dann unausrottbar, wenn sich die religiöse Form, die Wahrheit zu suchen, verloren hat. Die Logik des Kapitalismus bedarf heute weder einer explizit religiösen Motivierung, noch ist sie auf die Kapitalisten in ihrer Suche nach dem Sinn beschränkt. Sie ist selbst der Sinn, nach dem endlich nicht mehr gefragt werden muß, weil er so selbstverständlich ist. In allen Fasern des gesellschaftlichen Gewebes ist diese Logik unauffällig enthalten.

Wenn es dabei nicht um ein Äquivalent der verlorengegangenen einen Wahrheit ginge – warum hat das Geld dann einen derartigen Stellenwert als Maßstab gelungener Identität erhalten? Ist Identitätsstiftung durch Arbeit nicht vergleichsweise die Notlösung?

2.6 Arbeit und Psyche

Kehren wir auf festen Boden zurück und beschränken uns auf die Darstellung einiger Konsequenzen, welche die Arbeitsgesellschaft für den Menschen mit sich bringt. Es wird weniger um die Folgen gehen, welche die Arbeitsgesellschaft etwa für ihre natürliche Umwelt (die zur Ressource gewordene Natur) und für ihre eigene Zukunft dann zeitigt, wenn sie das, was früher die beständige menschliche Welt (als Resultat der herstellenden Tätigkeit) ausmachte, zu flüchtigen Objekten des Konsums verwandelt. Es geht auch nicht um die gesellschaftlichen Folgen (etwa um die Frage des Ausgehens der Arbeit, das mit der steigenden Effizienz zum Problem der Arbeitsgesellschaft wird). Nicht, daß diese Fragen keine Bedeutung hätten, im Gegenteil. Mein Fokus ist allerdings ein sehr eingeschränkter. Er zielt auf einige Auswirkungen der skizzierten gesellschaftlichen Lage auf das Seelenleben des Menschen.

2.6.1 Funktion statt Sinn

Funktionalisierung und ökonomischer Nutzen

Alle Tätigkeit ist auf die Logik der Arbeit herabgedrückt. Arbeit soll als Erwerbstätigkeit die Bestimmung des Menschen sein. Nach ihrer Logik stellt Arbeit aber nur ein Element im menschlichen Leben dar. Sie dient der Hervorbringung der Mittel des Überlebens, welche es gestatten, im Dienste des Überlebens weiterzuarbeiten. Und Überleben heißt Konsum zum Zwecke weiterer Arbeit.

Wenn alle Tätigkeit zur Arbeit geworden ist, so wird sie zur Gänze an diesem Maßstab gemessen werden. Das heißt, der Maßstab, an dem der Wert (oder vielleicht sogar der Sinn) der Arbeit gemessen wird, ist ein Nutzen, der in der Bereitstellung von konsumierbaren Früchten der Tätigkeit liegt. Dabei bleibt man immer innerhalb des Kreislaufs von Arbeit zum Zwecke der Ermöglichung von Konsum und von Konsum, der weitere Arbeit ermöglichen soll.

Der allgemeingültige Maßstab wiederum, an dem dieser Nutzen gemessen wird, ist in unserer Gesellschaft das Geld als Tauschmittel, das den Erwerb von Konsumgütern ermöglicht. Es erscheint daher konsequent, wenn die Effizienz aller zur Arbeit gewordenen Tätigkeit an ihrem ökonomischen Nutzen gemessen wird.

Daher werden Tätigkeiten, die außerhalb des Kreislaufs von Arbeit und Konsum einen Sinn hätten, auch (oft auch nur) hinsichtlich ihres ökonomischen Nutzen beurteilt und erleiden so eine gravierende Veränderung. Sie werden in diesen Kreislauf hineingezogen und verlieren auf schwer wahrnehmbare Weise ihren Sinn, den sie außerhalb des Kreislaufs gehabt hatten.

Das kann in verschiedener Form geschehen. Entweder man führt etwas, das sinnvoll erscheint, deshalb nicht durch, weil es keinen Nutzen abwirft, nicht verkaufbar ist. Oder man formt die Tätigkeit – der man Sinn abgewinnen würde, egal ob ihr Resultat verkäuflich ist oder nicht – so weit um, daß sie ökonomisch rentabel wird: der Schriftsteller z. B., der sich ein erstes Buch von der Seele geschrieben hat. Da es sich gut verkauft, muß er aus Gründen seiner Marktpräsenz ein zweites verfassen, in welchem er sich selbst nachahmt. Der freiberuflich Tätige, der seine Arbeit gerne tut, aber immer mehr tun muß, als er möchte, damit er nicht Gefahr läuft, Aufträge zu verlieren. In diesem Widerspruch kann es geschehen, daß der Sinn der sonst sinnvoll erscheinenden Tätigkeit abhanden kommt, weil sich die Frage des Nutzens, den sie abwirft, vordrängt.

Funktionalisierung menschlicher Beziehungen

Eine besondere Ausprägung dieses Zwangs zur Funktion finden wir in den Bereichen menschlicher Tätigkeit, die früher dem Handeln zugeordnet werden konnten: in der Gestaltung des Zusammenlebens (in der Arbeit wie im Privaten) durch kommunikatives Handeln.

Wie im Eingangskapitel erwähnt, war die Koordination der Tätigkeiten und Abläufe so lange institutionell reglementiert, wie die arbeitsteilig durchgeführte Arbeit in Hierarchien organisiert war. Die Koordination war für die praktische Kompetenz des einzelnen kein Problem. Er brauchte sich bloß an die vorgegebenen Regeln zu halten. Solange die meisten anderen Bereiche menschlichen Lebens ebenso in eine hierarchisch strukturierte Gesellschaft eingebettet waren, galt dasselbe auch für sie. Sie liefen in institutionell festgelegten Bahnen und waren in ihren wesentlichen Aspekten dem Zugriff der beteiligten Personen entzogen.

Mit der vielbeschriebenen Zunahme der Komplexität der organisierten Arbeitsprozesse, aber auch aller anderen Bereiche menschlichen Lebens sind die traditionellen Institutionen immer weniger in der Lage, ihre Funktion zu erfüllen. Sie können die Abläufe nicht mehr ausreichend reglementieren, um ihren erfolgreichen Verlauf sicherzustellen. Ebensowenig können sie den Bestand des jeweiligen Systems absichern. Sie sind daher der steigenden Tendenz ihrer Auflösung ausgesetzt.

Wo Institutionen ihre Kraft verlieren, ist Handlungskompetenz gefragt. Was bisher die Institution geregelt hat, müssen nun die Menschen autonom besorgen. An die Stelle der Institution tritt soziale Kompetenz. (Ganz ähnlich wie an die Stelle der einen Wahrheit die Entscheidung getreten ist.) Die Gestaltung der Beziehungen zwischen den beteiligten Menschen, ihre Kommunikation und Kooperation erhalten einen wichtigen Stellenwert, eine zentrale *Funktion* für die zu leistende Arbeit. Dabei geht es nicht um die Gestaltung der menschlichen Beziehungen, um die Motivation der Mitarbeiter, um ihre Arbeitszufriedenheit, um die Entwicklung ihres *human potential* als Ziel der Tätigkeit (das dann in der Tätigkeit selbst läge). Sondern es geht um die Gestaltung und Förderung alles dessen ausschließlich zum Zweck der Erhöhung der Funktionalität der Tätigkeit und der Optimierung ihres Resultats. Es geht um die sogenannte Produktivität der jeweiligen Arbeit. Alle diese Elemente der Arbeit, die man früher gelegentlich unter dem Aspekt der Humanisierung der Arbeitswelt ins Auge gefaßt hatte, unterliegen letztlich dem Diktat der Funktion in einem durch die Logik der Arbeit bestimmten Prozeß.

Nun kann man sagen: Gott sei Dank ist das so. Wenn die Bereiche menschlichen Handelns heute nicht in ihrer Funktionalität betrachtet und um ihrer Funktionalität willen gefördert würden, dann hätten sie gar keinen Stellenwert in dem alles dominierenden Kreislauf von Arbeit und Konsum. Man kann hoffen, daß sich ihr Eigensinn auf diesem Umweg trotzdem entfalten kann. Denn ohne Berücksichtigung ihres Eigensinns kämen sie gar nicht zustande und ließen sich daher auch nicht funktionalisieren.

Aber auch wenn dem so ist, es stellt eine gravierende Veränderung im Bereich kommunikativen Handelns dar. Oft werden die intensivsten Beziehungen ohnehin nicht mehr im Privatleben geknüpft, sondern in der Arbeit. Und dort haben sie nur so lange Bestand, wie ihr einziger Legitimationsgrund hält: Ihre Funktionalität für das Resultat der Arbeit muß nachweisbar sein.

Auch in die nicht arbeitsbezogenen, also privaten menschlichen Beziehungen (soweit sie sich neben der Arbeit überhaupt entfalten können) hält die Funktionalität Einzug. Entweder sie werden im beschriebenen Zusammenhang überhaupt zur Restgröße. Als solche erhalten sie ihre Funktion im Dienst der Arbeit, etwa als Ort der Regeneration der Arbeitskraft. Oder aber ihr Bestand hängt auch dann von der Funktionalität der Interaktion ab, wenn die Beziehung nicht in den Dienst der Arbeit gestellt wird. Denn die voranschreitende Entinstitutionalisierung hat auch die bislang institutionell abgesicherten privaten Beziehungen, wie etwa die Ehe, erfaßt. Damit erhält die Kommunikation eine beziehungserhaltende Funktion.

Auch hier kann man sagen: Gott sei Dank verhält es sich so. Denn würde in privaten Beziehungen heute nicht vermehrt auf die Funktionalität des Miteinanderhandelns geachtet, sie hätten noch weniger Bestand, als sie ohnehin haben. Würde man nicht erkennen, daß gelingende Kommunikation und die kompetente kommunikative Gestaltung der Beziehungen in Eigenregie der Beteiligten mit der Auflösung institutioneller Stützen für private Beziehungen notwendig geworden ist – sie würden nicht oder nicht ausreichend stattfinden. So hingegen entsteht ein Druck, sich im Dienste der Beziehung einem Lernprozeß zu unterziehen. Die Arbeit an der Beziehung wird zu einer eigenen professionellen Tätigkeit, zu einem eigenen Erwerb: Psychotherapie, Paarberatung, Beratung überhaupt.

Allerdings wird Beziehung damit zur *Beziehungsarbeit*, und als solche unterliegt auch sie zur Gänze dem Primat der Funktionalität. Alle Tätigkeiten in ihr werden auf ihre Funktion hin untersucht und optimiert. Der Selbstgenuß der Beziehung tritt in den Hintergrund – weil man so viel an ihrer Optimierung arbeiten muß und weil Selbstgenuß schließlich keine Funktion hat. Das Bewußtsein geht verloren, daß die Beziehung als ein System, das seinen Sinn in sich selbst hat, aus diesem Selbstgenuß besteht und daß er nicht davon abhängig ist, ob die Beziehung nun funktional optimiert ist oder nicht.

Statt dessen kann etwa festgestellt werden, daß gelingende Beziehungen eine cholesterinsenkende, gesundheitsfördernde, lebensverlängernde Wirkung für das Individuum haben.

All das kommt einer qualitativen Veränderung dieses Bereichs menschlichen Handelns gleich. So paradox es klingen mag: Zu einer Zeit, als die Gestaltung menschlicher Beziehungen weitestgehend institutionell normiert und deshalb in vieler Hinsicht dem Zugriff der Beteiligten entzogen war, konnte man sich eher im Reich der Freiheit befinden als heute. Denn es ging nicht um Funktionalität der Kommunikation in den Beziehungen. Und obwohl man heute die privaten Beziehungen in jeder Hinsicht so frei und vielfältig gestalten kann wie nie zuvor, so befindet man sich dennoch eher im Reich der Notwendigkeit. Denn Beziehungsarbeit, die Voraussetzung für den Bestand privater menschlicher Beziehungen, ist eben auch Arbeit und als solche in ihrer Logik an das Reich der Notwendigkeit gebunden, in dem alles seine Funktion hat.

Funktionalisierung und soziale Arbeit

Ein anderer Aspekt der Funktionalisierung im Bereich menschlichen Handelns betrifft professionelle Tätigkeiten, die unter dem Aspekt ihres (nicht nur) ökonomischen Nutzens gezielt als Verlust angelegt worden sind. Dazu gehören z. B. bestimmte Formen der Sozialarbeit, der Beratung besonders schwieriger sozialer Verhältnisse, der Betreuung von Personen, die mit hoher Wahrscheinlichkeit nicht wieder in einen Arbeitsprozeß eingegliedert werden. Niemand kann sagen, daß diese Arbeit keinen Sinn hätte. Wenn sie allerdings auf ihre Funktionalität hin untersucht wird, im besonderen wenn sie nach der Effizienz der geleisteten beruflichen Arbeit, nach dem erzielten Ergebnis (gemessen an dem Unterschied zwischen vorher und nachher) oder gar mit dem Kalkül des ökonomischen Nutzens beurteilt wird, dann ist es nur konsequent, daß man solche Arbeit einspart (Ortmann 1997).

Funktionalisierung der Freizeit als Arbeit

Von der Freizeit war schon die Rede: als demjenigen Gegenbegriff zur Arbeit, der für eine Gesellschaft charakteristisch ist, in der die Identität des Menschen durch seine Arbeit bestimmt wird. Freizeit ist in diesem Kontext, wie gesagt, ein zwar positiv besetzter, aber nur mehr negativ bestimmter Begriff.

Schwere körperliche Arbeit stellt heute nicht mehr das Paradebeispiel der Arbeit dar. Dennoch bleibt Arbeit deshalb weiterhin Mühsal und Plage, weil sie uns ans Reich der Notwendigkeit bindet. (Wir erleben diese Mühsal heute mehr in der Beschleunigung aller Tätigkeiten, der Zunahme des Drucks, der Ansprüche an Flexibilität, an lebenslanges Lernen usw. denn in der körperlichen Mühe.) Es bleibt deshalb eine vorrangige Aufgabe der Arbeitsgesellschaft, Freizeit zu ermöglichen.

Wenn Arbeit nun zum allumfassenden Tätigkeitsbegriff geworden ist, der das Wesen des Menschen bezeichnen soll, dann ist es zwar konsequent, die Freizeit bloß negativ als Abwesenheit von Arbeit zu definieren, es reicht aber nicht aus. Es braucht auch eine positive inhaltliche Bestimmung. Diese kann die Freizeit – soll sie als genutzte, tätig verbrachte und nicht schlechterdings als vertane Zeit gelten – nur nach der Logik der Arbeit erhalten. Denn Muße, einst hochgeschätzte Voraussetzung der Wahrheitsschau, ist mit dem Verlust der einen Wahrheit zur reinen Leerstelle geworden.

Es ist daher naheliegend, wenn auch die Freizeit wie Arbeit organisiert wird („Heuer machen wir Asien, nächstes Jahr Afrika ...“). Damit ist die Freizeit ihrerseits Grundlage und Gegenstand eines blühenden Wirtschaftszweiges, der Freizeitindustrie, in der sehr produktiv gearbeitet wird. Überdies erhellt die Freizeitindustrie die wunderbare funktionale Orientierung und Dynamik der Arbeitsgesellschaft:

Nicht mehr Sklaven oder Knechte, denen es niemals gelingt, über die Früchte ihrer Arbeit zu verfügen, nehmen den Freien die

Last der Arbeit dauerhaft ab. Sondern freie, arbeitende Menschen machen es anderen freien, arbeitenden Menschen durch ihre Arbeit möglich, in den Genuß der Früchte ihrer Arbeit zu gelangen. Aus deren Verbrauch erwirtschaften sich jene ihrerseits die Früchte ihrer Arbeit, um auch in deren Genuß zu kommen (Urlaub zu *machen*). Dadurch erlauben sie anderen arbeitenden Menschen, die Früchte ihrer Arbeit zu erwerben und gleicherweise zu verzehren, usw. Alle sind zu miteinander verschränkten Sklaven der Arbeit geworden, und bleiben es auch dann, wenn sie die Gegenwelt zur Arbeit betreten.

Natürlich kann man behaupten, daß die Freizeit als positiv besetzter Gegenbegriff zur Arbeit gerade in ihrer negativen Bestimmung Ausdruck moderner individueller Freiheit des einzelnen ist. Denn nur wenn die Freizeit nicht inhaltlich bestimmt ist, kann es dem einzelnen überlassen bleiben, sie mit dem zu füllen, wonach ihm der Sinn steht. Allerdings erschöpft sich diese Freiheit meist darin, aus verschiedenen, zwar kostspieligen, aber doch preisgünstigen Produkten der Freizeitindustrie auszuwählen. (Diese antworten immer effizienter auf die von der Freizeitindustrie selbst mitgesteuerte Entwicklung der Bedürfnisse der Freizeitgestaltung. Und ihr Konsum folgt dem Rhythmus der Arbeit.)

Eine Alternative, mit der man allerdings (etwas altmodisch) hinter die erreichten Möglichkeiten der Bedürfnisbefriedigung zurückfallen würde, ist immerhin denkbar: Man verzichtet darauf, diese (als Urlaub bezeichnete) Möglichkeit der (auf Arbeit reduzierten) Intensivierung des Lebensprozesses zu nutzen.

Nun stellt aber der sowohl mittels der Arbeit erhaltene wie auch als Arbeit gestaltete und verwaltete Lebensprozeß das dominante gesellschaftliche Ziel dar. Seine Intensivierung nach dem Motto *Mehr ist besser* ist ihm eingebaut als verbliebener Transzendenzrest. Der Individualität des einzelnen ist zwar ein großer Spielraum bei der inhaltlichen Ausgestaltung dieses Ziels gestattet, aber eines ist nicht vorgesehen: daß er dieses Ziel als Ganzes verwirft. Dies zu tun würde dem mutigen Verzicht auf Sinn gleichkommen. Wer wird sich unter solchen Bedingungen freiwillig auf die Reduktion der möglichen Intensität des (Arbeits-)Lebens einlassen?

Eine solche Einschränkung wird man dann bereit sein, auf sich nehmen, wenn sie eine erkennbare Funktion hat. So wird eine Reduktion der Intensität der Bedürfnisbefriedigung – oder gar die bedürfnislose Existenz – vorübergehend dann in Erwägung gezogen werden, wenn sie der Erhaltung oder Erhöhung der Arbeitsfähigkeit dient. In diesem Sinne wird heute z. B. Meditation für Manager als ein Mittel angeboten, das die Einsatzfähigkeit in einem fordernden Arbeitsprozeß intensiviert und stärkt.

2.6.2 Arbeit und die Dynamik des Fortschritts – Symptome einer ausweglosen Situation

Die Leserinnen und Leser mögen an dieser Stelle eine zusammenfassende Wiederholung gestatten (über deren Funktionalität man natürlich streiten kann). Sie macht es leichter, weitere wichtige Folgen der Arbeitsgesellschaft anzuführen.

Wir haben die Hypothese vorgestellt, mit der Reformation sei der Verlust der einen Wahrheit zwar besiegelt, aber nicht verschmerzt. Wir haben das Ausscheiden der Vita contemplativa aus dem Lauf des Lebens – einst dessen oberstes Ziel – als eine direkte Folge dieses Verlusts zu verstehen versucht. Ohne Wahrheit keine Wahrheitsschau. An die Stelle der Wahrheit als oberstem Wert tritt die Entscheidung, die zwischen mehreren Wahrheitsangeboten auswählen muß. Mit ihr vollzieht sich die Wendung zu einer praktisch orientierten Welt, in deren Vordergrund die Entwicklung der Fähigkeit steht, Entscheidungen zu treffen. An die Stelle der Vita contemplativa tritt die Vita activa als sinngebende Lebensform mit ihren drei Tätigkeitsarten: Arbeiten, Herstellen, Handeln.

In der Folge stellt sich – mehr unaufgefordert, als daß sie gezielt aufgestellt wurde – die Maxime ein, daß mehr besser ist. Denn die Entscheidung ist als Entscheidung um so mehr gefordert, je mehr Möglichkeiten ihr vorgelegt werden (bei nur zwei Möglichkeiten liegt der Rückfall in die Suche nach der einen Wahrheit nahe, die es eher zu finden als durch Entscheidung festzulegen gilt).

Nun verschwindet mit der einen Wahrheit auch die eine wahre Welt, die nach ihren Maßstäben aufgebaut und geordnet war. Keine Tätigkeit des Herstellens kann dem entgegenwirken. Ohne den gültigen Maßstab entstehen immer nur subjektive Welten von vorübergehendem Bestand.

Das hat Folgen für das menschliche *Handeln*, dem es obliegt, das Miteinanderleben der Menschen als permanenten und unabschließbaren Prozeß zu gestalten. Seine konstitutionelle Instabilität war überhaupt nur vor dem Hintergrund einer dauerhaften, verläßlichen Wahrheit und Welt erträglich. Und dennoch bestand immer schon die Tendenz, das menschliche Handeln auf den Modus des Herstellens zu reduzieren und ein System der Herrschaft von Menschen über Menschen aufzubauen, das Stabilität aufgrund des Gebrauchs von Gewalt verspricht.

Fällt die eine Wahrheit als Garant der Stabilität menschlichen Handelns aus, will man es auch nicht primär durch den Einsatz von Gewalt, also nach dem Tätigkeitsmodus des Herstellens, absichern, so bleibt die Tätigkeitsform der menschlichen *Arbeit*, um mit ihrer Logik – als Notlösung sozusagen – das menschliche Zusammenleben einigermaßen haltbar zu organisieren; aber auch um die Frage nach dem Sinn des Lebens zu beantworten. Das führt zu unerwarteten Konsequenzen.

Alle Formen menschlicher Tätigkeit werden in einem Prozeß, der sich über einige Jahrhunderte entfaltet, als Arbeit definiert.

Die Auflösung der ehemals stabilen menschlichen Welt bedingt die Auflösung ihrer festgefügten Institutionen. Alle davon betroffenen Bereiche und Aspekte des Lebens sind damit immer mehr von der sozialen Kompetenz ihrer Mitglieder abhängig geworden. Ohne die Garantie eines dauerhaften Erfolgs unterliegen sie einem unabschließbaren Prozeß ihrer Gestaltung und Erhaltung durch autonome menschliche Tätigkeit. So kommt es, daß heute auch im Kontext sozialer und psychologischer Prozesse von Arbeit die Rede ist (Beziehungsarbeit, Trauerarbeit usw.).

Die der Arbeit innewohnende Logik hat sich all dieser Bereiche bemächtigt. Die Resultate der Arbeit dienen dem Verbrauch, dem Verzehr. Darin werden sie vernichtet, um erneuert werden zu können. Sie bilden keine haltbare, weder äußere, materielle, noch innere oder soziale Welt. Durch ihren Verbrauch ermöglichen und benötigen sie weitere Arbeit. Alles ist in Bewegung, und nach der Logik der Arbeit ist diese Bewegung die ewige Wiederkehr des gleichen.

Dieser Rückgriff auf die menschliche Form des natürlichen Lebens, auf den Stoffwechsel des Menschen mit der Natur, stellt eine (Verlegenheits-)Antwort auf die Sinnfrage dar, die in ihrer Diesseitigkeit nicht zufriedenstellt. Die frühere Jenseitsorientierung ist zwar verlorengegangen, das Bedürfnis nach ihr scheint aber zur Conditio humana zu gehören. Es sucht zumindest nach Ersatzbefriedigung. Sie findet sich im Motto *Mehr ist besser*, das in den Kreislauf des Arbeitslebens eingebaut wird. Dieser Kreislauf will sich im Zirkel von Arbeit und Konsum erschöpfen, wird aber nun aus seiner Ruhe gebracht. Er wird mit einem diesseitigen Jenseits versorgt, das uns als Idee des *unendlichen Fortschritts* vertraut ist.

Der Grundsatz der Wiederkehr des gleichen bleibt in leichter, aber folgenschwerer Abwandlung erhalten. Er lautet nun: *Mehr vom selben, aber besser und effizienter*. Ist es dem naturanalogen Kreislauf von Arbeit und Verbrauch ursprünglich gegeben, ein Eigenleben zu führen, das kein Ziel außerhalb seiner selbst benötigt, so entfesselt seine Anreicherung eine Eigendynamik, in der Ungleichgewichte entstehen:

Die sogenannte Produktivität der Arbeit soll kontinuierlich gesteigert werden; folgerichtig nimmt auch der Konsum zu, der die Resultate der Arbeit ihrem natürlichen Ziel zuführt. Man könnte meinen, es ginge um eine kontinuierliche Steigerung der Intensität des Lebensprozesses, aber es scheint nur um ihre Vermehrung zu gehen. Unweigerlich stößt man dabei auf die eine oder andere Weise an eine Grenze.

Entweder die Arbeit nimmt so sehr zu, daß keine Möglichkeit mehr bleibt, ihre Früchte zu genießen. Dann verfügt man zwar über eine an die Arbeit gebundene persönliche Identität, aber es bleibt eine ziellose Identität, weil man nicht mehr ans Ziel der Arbeit, den Konsum ihrer Früchte, gelangt. In der gleichen Falle findet man sich, wenn das Freisein von Arbeit und das Konsumieren selbst zur Arbeit wird (Urlaub). Oder aber man gerät deshalb an eine Grenze, weil die Kraft des Konsumierens einmal erschöpft ist, das weiter zunehmende Angebot der Möglichkeiten, mit dem Anspruch sie zu nutzen, aber bestehenbleibt.

Man wird versuchen, sich aus dem Dilemma, in dem man sich findet, dadurch zu befreien, daß man statt auf die Realität auf die Virtualität setzt: Statt auf den wirklichen Verzehr der Früchte der Arbeit setzt man, wie oben ausgeführt, darauf, über möglichst viel Vermögen zu verfügen. Aber wenn man dieses Vermögen nicht umsetzt in Konsum, dann wird die Eigenart dieses Kreislaufs in Reinkultur sichtbar. Es geht dann immer nur um die Vermehrung des Vermögens, der Möglichkeiten und nicht um Aktualisierung. Der Sinn liegt darin, in der Vermehrung der Möglichkeiten Sinn zu schaffen, und nicht darin, diese Möglichkeiten zu realisieren. Virtualität allein schafft keinen Sinn, der die Realität, auf die sie hinweist, transzendiert.

Die Dynamik, in die der Kreislauf von Arbeit und Verbrauch durch seine Anreicherung nach dem Motto *Mehr ist besser* gerät, kann sich noch anders zeigen. Die durch Arbeit erzielte „Produktivität" der Arbeit wird so sehr erhöht, daß es immer weniger Arbeit braucht, um sie zu erzielen, bis sie der Tendenz nach von der Arbeit unabhängig wird.

In allen Fällen ist man mit einem Paradox konfrontiert. Je mehr man ans ersehnte Ziel zu kommen scheint, desto ferner findet man sich von ihm. Dadurch entsteht eine ziellose Unruhe und Hektik und in der Folge eine weitere Steigerung aller Bemühungen, die in dem Kreislauf gefangen bleiben. (In letzter Zeit begegnet man häufig einem Satz von Mark Twain: Als sie das Ziel aus den Augen verloren hatten, verdoppelten sie ihre Anstrengungen.) Diese Unruhe wiederum kann in unterschiedlicher Weise beantwortet werden:

1. Man flüchtet in eine Form des Konsums, die scheinbar aus diesem Zirkel mit seiner endlosen Steigerung herausführt, ihn aber im Versuch, ihm zu entkommen, letztlich nur auf selbstdestruktive Weise erneuert: die Sucht.

2. Man flüchtet in die Gegenseite des Konsums und widmet sich ausschließlich der Arbeit, ohne das in Anspruch zu nehmen, wozu sie dient. Der Verzicht auf den Verbrauch ihrer Resultate wird aber nur scheinbar geleistet. Denn man setzt die Arbeit an die Stelle des Resultats, das sie erzielen soll. Man konsumiert die Arbeit wie ein Süchtiger (Workaholic), mit ähnlichen selbstzerstörerischen Folgen, wie andere Suchtformen sie zeitigen.

3. Sucht und Arbeitssucht sind Formen der Selbstdestruktivität, die von hoher Sensibilität für den unlösbaren zirkulären Selbstlauf zeugen, in dem man dann gefangen ist, wenn alle menschliche Tätigkeit in Arbeit verwandelt wird. Vor allem die großflächige Umwandlung des Herstellens in Arbeit erhöht das Destruktionspotential. Denn sie befestigt die Zerstörung an beiden Enden der Tätigkeit. Herstellen zerstört, Konsumieren ebenso. Es bleibt noch die harmlosere Form der Äußerung dieser Destruktivität, wenn sie sich als Selbstdestruktivität entfaltet, wie im Fall des Süchtigen und des Workaholics. Die Zunahme einer ziellos nach außen gerichteten Gewalt stellt die andere Alternative dar.

4. Theoretisch besteht auch die Möglichkeit, den Kreislauf in seiner moderaten Form hinzunehmen, ohne lange zu fragen. Man arbeitet und konsumiert und lebt nach der Art des Stoffwechsels des Menschen mit der Natur. Diese Form, sich innerhalb des Kreislaufs so wenig zu bewegen, daß man nicht an irgendeine Grenze stößt und ein zufriedenes menschliches Tier bleibt, scheint zwar sehr weit verbreitet, ist aber, wenn sie wirklich gelingt, wahrscheinlich der seltene, vergleichsweise glückliche Grenzfall. Meist ist das, was nach außen so erscheint, geprägt von der latenten (und im Normalfall latent bleibenden) Destruktivität, die dem Gesamtprozeß eignet.

2.6.3 Der Lebensästhet: Entscheidung ist Freiheit und Selbstbeschränkung zugleich

Zuletzt sei eine andere Möglichkeit erwähnt, den Ausweglosigkeiten der modernen Arbeitsgesellschaft doch zu entkommen. Sie erscheint mir aus zwei Gründen bemerkenswert. Sie tritt erstens unter den psychologischen Prämissen der radikalisierten Moderne an (Individualisierung, freie Wahl der persönlichen Identität, subjektive Konstruktion von Welt, ohne Anspruch auf Allgemeingültigkeit, Verzicht auf eine allgemeine Wahrheit; vgl. Welsch 1991). Sie bringt zweitens eines der latenten Momente der Moderne in einer Art und Weise zur Geltung, die zwar Vorhandenes fortführt, aber gleichzeitig damit etwas Neues vorführt. Das geschieht, ohne daß dieses Moment eigens benannt und thematisiert, wohl aber, indem es in seinen Auswirkungen beschrieben wird. Wir wollen es hier benennen und zunächst in dem bisher ausgeführten Kontext vorstellen.

Die Wendung von der einen Wahrheit zur Entscheidung führte zwei Momente mit sich, von denen das eine hervorstach, das andere zunächst in den Hintergrund gerückt war, obwohl beide untrennbar zusammengehören. Das eine Moment war die *Vielfalt der Möglichkeiten*, die an die Stelle der einen Wahrheit getreten sind. Es suggeriert die Freiheit der Wahl. Das andere Moment lag in dem Zwang, zwischen ihnen zu entscheiden, mit dem ein Aspekt von *Einschränkung* mitgeliefert wird. Denn Entscheidung bedeutet den Ausschluß von Möglichkeiten, also Selbstbeschränkung. Die mit der Vielfalt der Möglichkeiten gegeben Freiheit ist identisch mit der Notwendigkeit, sich selbst in seiner freien Wahl zu beschränken.

Allerdings geht dieser Aspekt der Selbstbeschränkung zunächst mehr oder weniger unter gegenüber dem Erlebnis der neuen Freiheit. Denn die eine Wahrheit, der gegenüber keine Wahl möglich war, konnte mit der Vermehrung von Wahrheiten, die zur Auswahl standen, nun als Einschränkung erlebt werden. Vor dem Hintergrund dieser Wahrnehmung wurde mehr die Möglichkeit der Wahl als der Zwang zur Entscheidung erlebt, mehr die Bereicherung als die Einschränkung.

Mit der Gewöhnung, der wachsenden Auswahl an Möglichkeiten und dem Imperativ ihrer permanenten Steigerung tritt allerdings die andere Seite immer deutlicher hervor. Gerade der Zwang, im Dienste der permanenten Intensivierung des Lebensprozesses keine der angebotenen Möglichkeiten auszulassen, führt an die Grenze der eigenen Möglichkeiten. Die Vielfalt der Möglichkeiten, gepaart mit dem Anspruch, sie möglichst alle zu nutzen oder zumindest weiter zu steigern, ist zum Fluch geworden. Ob man will oder nicht, man muß sich einschränken, um handlungsfähig zu bleiben. Erst nach und nach ist sinnlich greifbar geworden, daß freie Wahl Selbstbeschränkung ist.

Solange diese Grenzen der eigenen Möglichkeiten aus Gründen des Sinns, der in der Steigerung liegt, nicht wahrgenommen werden dürfen, nimmt man Ausflucht zu den obengenannten Lösungsversuchen: Virtualität der Befriedigung der Lebensbedürfnisse in allen möglichen Steigerungen (Vermögen), Sucht, Arbeit als Selbstzweck, ziellose Destruktivität. Allerdings bringen diese Lösungen noch gravierendere Selbstbeschränkungen mit sich als die, zu deren Auflösung sie ersonnen wurden.

So einfach und konsequent es erscheinen würde, Selbstbeschränkung aktiv zu wählen, so sehr stellt diese Alternative unter den beschriebenen Ausgangsbedingungen so etwas dar wie einen Paradigmenwechsel, der nicht leicht zu vollziehen ist. Dennoch scheint er sich abzuzeichnen, zumindest als eine mögliche Alternative, die steigende Chancen hat, als attraktive Lebensform ergriffen zu werden – auch jenseits der Versuche, die Arbeitsgesellschaft in Zeiten struktureller Arbeitslosigkeit unter allen Umständen zu erhalten oder zu reparieren.

Zwar bleibt sie den gesellschaftlichen Bedingungen verhaftet, unter denen sie antritt, zieht aber daraus ihre eigenwillige, höchst individuelle Konsequenz. Man kann sie sich als eine postmoderne

Lebensform und Moral vorstellen – im ursprünglichen Sinn, in dem Lyotard den Begriff der Postmoderne geprägt hat, als grundlegende und konsequente Anerkennung der Pluralität, unter Verzicht auf eine übergeordnete Wahrheit. Sie ist in dem sowohl ergötzenden als auch berührenden Buch von Goebel und Clermont (*Die Tugend der Orientierungslosigkeit*, 1997) beschrieben. Es geht um die *Gestaltung des eigenen Lebens als ästhetischen Gesamtentwurfs.*

Worin besteht nun der Paradigmenwechsel, der mit diesem neuen Konzept vollzogen wird?

- Die vorgeschlagene Kategorie des Lebensästheten soll zum Ausdruck bringen, daß die individuelle Form des Lebensentwurfs deshalb gewählt wird, weil sie, ähnlich wie ein Kunstwerk, für die Einzelperson ihren Sinn in sich selbst und nicht in einem außerhalb liegenden Zweck hat. Man darf allerdings nur hinsichtlich dieses Aspektes an die traditionelle Ästhetik denken. Darüber hinaus hat die Lebensästhetik zwar vielleicht mit Kunst zu tun, aber wenig mit den traditionellen Assoziationen zum Begriff des Ästheten.
- Es scheint, als würde dem eine unausgesprochene Erkenntnis zugrunde liegen, die sich auch durch unsere Ausführungen zieht: die Erkenntnis, daß die neuzeitliche Gesellschaft sich nicht mit dem Verlust der einen Wahrheit und in der Folge mit dem Verlust der Vita contemplativa abgefunden hat. Sie hat statt dessen eine neue Wahrheit aufgestellt, die besagt, daß Arbeit den Sinn menschlichen Lebens ausmacht und daß die Identität des Menschen ihren Maßstab an der Fruchtbarkeit der Arbeit findet.

  Diese Wahrheit hatte alle Chancen, zu allgemeiner handlungsleitender Gültigkeit aufzusteigen. Sie hatte es nicht nötig, mit einem ideologischen Anspruch, d. h. als verpflichtende Wahrheit aufzutreten. Sie schließt unmittelbar an die menschlichen Grundbedürfnisse an. Scheint sie doch bloß dazu erfunden zu sein, die Grundlagen für die Entfaltung der Lebensmöglichkeiten des Menschen zu schaffen und zu mehren. Darüber hinaus gestattet sie es dem einzelnen, die konkrete Form der Realisierung der Lebensmöglichkeiten selbst zu wählen.

  Dennoch wird damit eine Ideologie transportiert, die den Charakter einer neuen allgemeinverbindlichen Wahrheit hat: der

Glaube, daß die Entfaltung und die Vermehrung der Lebensmöglichkeiten den anzustrebenden Wert darstellen. Nun soll auch auf diese noch verbliebene, bislang unerkannt wirkende und deshalb nicht relativierbare, übergeordnete Wahrheit in jeder Hinsicht verzichtet werden.

- Man kann es auch anders sagen: Die Vorstellung der Wahrheit wird radikal individualisiert. Der Lebensästhet stellt eine postmoderne (und deshalb natürlich keine) Rückkehr zur einen Wahrheit dar, die in der individuellen Treue zu einem höchst individualisierten und individuell gewählten Lebenskonzept besteht, das niemandem abgeschaut, keinen allgemeinen Wahrheiten (im Sinn vorgegebener, allgemeingültiger Normen) verpflichtet ist und daher auch niemandem aufgezwungen werden kann. Toleranz ist ein Abfallprodukt dieser Haltung.
- Es geht um eine *Bastelbiographie*. Niemand außer der Person, die sie trägt, hat sich für sie entschieden, niemand anders soll sich nach Kategorien, die für sie verbindlich sind, richten. Sie folgt einem höchst individuellen Strickmuster, das nach keinen für irgend jemand anders verbindlichen Vorgaben entwickelt wurde. Sie ist allein an den Bedürfnissen des Individuums orientiert, auch wenn sie sich all dessen bedient, was zu ihrer Befriedigung zur Verfügung steht.

  Zu diesen Bedürfnissen können Konsum, Gemeinschaft, auch Arbeit, wenn sie hilft, andere Bedürfnisse zu realisieren, und ähnliches mehr gehören.

  Arbeit ist hier nur mehr eines unter vielen Elementen. Einerseits benötigt man sie, um zu überleben. (Sie erhält wieder ihren ursprünglichen Stellenwert.) Andererseits findet man in ihr eine mögliche Herausforderung. Alles aber, ohne daß es eine lebenslange Verpflichtung gibt zu arbeiten, geschweige denn in der Arbeit seine Identität zu finden. Es handelt sich vielmehr um eine frei gewählte Möglichkeit, die eher punktuell genutzt wird:

„Der Lebensästhet ist potentiell arbeitslos. In Lohn und Brot zu stehen ist schon lange keine Grundbedingung mehr für ein intaktes Selbstwertgefühl. Der Abschied vom Zwangskorsett der Arbeit hat in letzter Konsequenz zur Bedeutungslosigkeit der Karriere geführt" (Goebel u. Clermont 1997, S. 73).

„Natürlich möchte auch der Lebensästhet eigentlich reich, berühmt und erfolgreich sein, doch nicht um jeden Preis. Selbstverwirklichung, das Basteln an der eigenen Identität ist bei ihm nicht mehr unbedingt an diese Steigerungsform des Lebens gebunden. Lebensästheten wollen nur mit dem Erfolg haben, was sie auch mit ganzem Herzen vertreten" (ebd., S. 132).

„Neben dem Geldverdienen muß er sich ja auch noch der Pflege freundschaftlicher Netzwerke, allerlei Plänen und Projekten und der unvermeidlichen Kontemplation widmen, die einen nicht unbeträchtlichen Teil seines Daseins ausfüllt" (ebd., S. 132).

Wie es zu dieser *Kontemplation* kommt und welchen Stellenwert sie im Gesamtkunstwerk des lebensästhetischen Lebensentwurfs einnimmt, das verdeutlichen die beiden Autoren ebensowenig, wie sie das bei dessen anderen Bausteinen tun. Im Konzept des Lebensästheten bedarf es einer solchen altmodischen Legitimation nicht. Im Zusammenhang unserer Argumentation reizt diese wie hingeworfene Erwähnung allerdings zu einer Reflexion, deren Resultat vorweggenommen sei:

Die lebensästhetische Kontemplation könnte ein gleich-gültiges Äquivalent zur Wahrheitsschau der Vita contemplativa sein.

Es würde zum vorgestellten Konzept des Lebensästheten passen, wenn seine Kontemplation in der Schau der „individuellen Wahrheit" bestünde. Diese ist keine Wahrheit im traditionellen Sinn, sondern der radikalisierte vereinzelte Lebensentwurf – als das einzige, das im individuellen Leben Gültigkeit hat und das darüber hinaus von keiner Bedeutung ist. Die Kontemplation könnte eine Selbstschau sein, in deren Zentrum kein Inhalt, sondern der unabschließbare Prozeß der eigenen Wahl steht. Eine neue, radikal individualisierte cartesianische Wende, ohne methodische Abstraktion, ohne Deus ex machina, ohne den Anspruch auf eine andere Wahrheit als die des Einzelfalls, den jeder für sich darstellt und der zu sein einen Sachverhalt ausmacht, den alle miteinander teilen.

Das Miteinanderteilen dieses Sachverhalts könnte die Basis einer besonderen Form menschlichen Verbundenseins abgeben. Denn die kontemplative Selbstschau der radikalisierten Individualität begegnet nicht irgendwelchen Inhalten, die sie ausmachen, sondern dem Prozeß der Selbstwahl, also der *Form* der Individualität, der gegenüber alle *Inhalte,* die dann gewählt werden, zunächst gleichgültig erscheinen. Wichtiger als die gewählten Inhalte der Identität ist die Tatsache, daß sie der Lebensästhet von ganzem Herzen gewählt hat.

Man kann sich daher voneinander in allen möglichen Inhalten unterscheiden, sofern man das „von ganzem Herzen" (den Prozeß der Selbstkonstitutionierung, in dem man sich ohnehin nicht voneinander unterscheidet) selbstbewußt miteinander teilt. Das stellt eine Gemeinsamkeit dar, die Grundlage oder Möglichkeit einer Gemeinschaft, die nicht durch Inhalte zustande kommt – also durch die gewählten Bilder von sich selbst, zu denen man passende oder gar Spiegel-Bilder sucht und von denen man unpassende oder sehr verschiedene Bilder fernzuhalten bemüht ist.

Es stellt Gemeinsamkeit und Möglichkeit von Gemeinschaft dar, die ihren Grund hat in der *Form der Hervorbringung* solcher Bilder. („Du sollst dir kein Bild machen" heißt in diesem Kontext, du sollst dir viele Bilder machen, alle Bilder zulassen im Wissen, sie wurden gebildet. In diesem Wissen von einem nicht faßbaren Prozeß verlieren sie ihren Bildcharakter und gleichen sich.)

- Die Grenze zwischen Hobby, Zeitvertreib oder Passion auf der einen Seite, Beruf und Arbeit auf der anderen sind im Universum des Lebensästheten fragwürdig geworden. Viel eher trennt er zwischen Einkommen und sinnstiftender Aktivität (Geobel u. Clermont 1997, S. 138). Sinnstiftend scheint alles zu sein, was zu seiner individuell angefertigten Bastelbiographie beiträgt. Es wäre zu kurz gegriffen, würde man hier von purem Egoismus oder etwas ähnlichem sprechen. Denn es scheint klar, daß zur Realisierung der Grundbedürfnisse des Lebensästheten ein dauerhaftes soziales Netz, ein Minimum an familiären oder quasifamiliären Bindungen gehört – aber all das nicht als vorgegebene Norm, sondern als Teil des eigenen Lebenskonzeptes.
- Es geht um radikale Selbstbeschränkung, die so sorgfältig auf die Ansprüche, ein individuelles Selbst zu sein, achtet, daß sie damit eine neue Form von Gemeinschaft ermöglicht. Zu diesem Zweck wird die beinahe unendliche Auswahl von zur Verfügung stehenden Mitteln und Möglichkeiten unserer Gesellschaft genutzt.
- Am Ende ihres Buches zitieren die Autoren Rainer Gronemeier, und ich möchte dieses Zitat wiedergeben: „Vielleicht ist die moralische Innovationsfigur des ausgehenden zwanzigsten Jahr-

hunderts eher ein sinnenfroher Asket, der zu unterscheiden gelernt hat zwischen törichtem Konsum und gelassener Nutzung der Möglichkeiten, die die High-Tech-Gesellschaft bietet. Vielleicht erinnert die Grundfigur des kommenden Jahrhunderts eher an einen Mönch oder einen Künstler. Die Äbte und Mönche haben einmal aus dem barbarischen Mitteleuropa blühende Kulturlandschaften gemacht. Gebraucht wird für die High-Tech-Gesellschaft schon ein neuer Menschentypus. Wie wird er sich bilden?" (ebd., S. 199).

3. Überlegungen zur Zukunft der Supervision als Profession

Wir haben im ersten Kapitel neue Aufgaben und Arbeitsschwerpunkte skizziert, die der Supervision infolge der Veränderungen in der Arbeitswelt zugewachsen sind. Das zweite Kapitel sollte einem vertieften Verständnis der Dynamik der Arbeitsgesellschaft und ihrer Krise dienen. Nun gilt es zu überlegen, welche Folgen die Veränderungen in der Arbeitswelt für die Supervision als Profession haben.

Folgende Themen werden uns beschäftigen:

- Perspektiven der weiteren Professionalisierung der Supervision.
- Mögliche Alternativen ihres Selbstverständnisses.
- Ihre Position im Feld der beratenden Berufe.
- Möglichkeiten ihrer Organisation als Beratungsform.

Natürlich hat die Wahl der Antworten Auswirkungen darauf, wie die Supervision ihre alten und ihre neue Aufgaben wahrnehmen wird.

Meine Überlegungen dazu dienen der Wiederaufnahme einer Diskussion, die konzeptuell weniger geklärt ist, als sie praktisch und institutionell festgelegt erscheint.

3.1 Professionalisierung in der Supervision

Was bedeutet es also für die Supervision als Profession, wenn sie mit den Veränderungen konfrontiert wird, von denen in den beiden ersten Kapiteln die Rede war und die sich unter folgenden Punkten zusammenfassen lassen:

- Alle Tätigkeit, egal ob es sich um berufliche Tätigkeit handelt oder nicht, ist zur Arbeit geworden. Dementsprechend unterliegen alle Tätigkeiten der allgemeinen Tendenz der Professionalisierung. Auch das Privatleben ist davon betroffen. (Was bedeutet das für den *Gegenstand* der Supervision?)
- Gleichzeitig beginnt die berufliche Arbeit ihre identitätsstiftende Funktion einzubüßen, ohne daß ein Ersatz in Sicht wäre. (Was bedeutet das für den *Gegenstand* der Supervision?)
- Immer mehr berufliche Arbeit wird in Organisationen ausgeübt. Die Leitfunktion gesellschaftlicher Ordnung liegt nicht mehr bei den Professionen. Sie ist auf die Organisation übergegangen. (Was bedeutet das für die Stellung der Supervision als *eigenständige Beratungsform*?)

Es wird sich zeigen, daß diese Fragen miteinander eng verbunden sind, daß also die Frage nach der Eigenständigkeit der Beratungsform auch von der Frage nach dem Gegenstand abhängt. Eine derart wichtige Veränderung des Gegenstandes der Supervision, wie sie die Supervision in Organisationen bereits mit sich gebracht hat, muß Auswirkungen auf die Stellung der Supervision als Beratungsform zeitigen. Dies ist um so naheliegender, als es ausschließlich der Gegenstand ist, der sie als Beratungsform konstituiert (Siehe 1.1).

Aber nicht nur die Supervision in Organisationen konfrontiert die Supervision mit einem neuen Sachverhalt. Die im letzten Kapitel dargestellte Ausdehnung des Arbeitsbegriffs könnte dazu führen, daß der Supervision in Zukunft neue Gegenstandsbereiche zuwachsen. (Jede reflexive Tätigkeit, die der Tendenz einer Professionalisierung unterliegt, bedarf der Reflexionshilfe; siehe 1.4.6.) Diese Gegenstandsbereiche werden auch von anderen Beratungsformen betreut. Es zeichnet sich daher ab, daß die Supervision ihren Gegenstand mit diesen anderen Beratungsformen wird teilen müssen. Das wirft neue Fragen auf.

Die Frage nach der *Organisation der Abgrenzung der verschiedenen Beratungsformen voneinander* und ihrer *Kooperation miteinander* tritt in den Vordergrund. Organisation wird damit in mehrfacher Hinsicht auch für die Supervision zum Schicksal.

Einerseits spielt sie für den Gegenstand der Supervision oder für einen Teil des künftigen Gegenstandes eine Rolle. (Supervision in Organisation ist zu einem prominenten Teil der Supervision geworden.)

Andererseits kann es nicht ausbleiben, daß die Supervision genauso wie alle anderen beruflichen Tätigkeiten mit der Frage ihrer eigenen Organisation als Profession befaßt wird. Die Organisation der Supervision als Beratungsform wird virulent als Folge der immer weiteren Professionalisierung von immer mehr Beratungstätigkeiten und deren wachsender Interdependenz. Es wird um die Vernetzung der Supervision mit ihrer relevanten Beratungsumwelt gehen. Andere Fragen ihrer weiteren Professionalisierung werden dadurch nicht abgelöst oder in ihrer Wichtigkeit beiseite gedrängt, aber sie werden zu einem untergeordneten Aspekt werden.

Damit ist das Wesentliche dieses Kapitels vorweggenommen. Wenn wir in der Folge Schritt für Schritt vorgehen, so wird das zwar streckenweise mühsam. Aber angesichts der heiklen Beschaffenheit der aufgeworfenen Fragen und der Unklarheit ihrer bisherigen Antworten empfiehlt es sich, genauer hinzusehen.

3.1.1 Allgemeines zur Ausbreitung von Profession

Im Hintergrund der Entstehung und Entwicklung der modernen Professionen steht der Aufstieg der *Berufsidee* in der europäischen frühen Neuzeit (Stichweh 1996, S. 51). Berufe haben es den Mitgliedern der Gesellschaft ermöglicht, ihre gesellschaftliche Stellung selbst mitzubestimmen. Je mehr sich die Idee der freien Berufswahl durchsetzte, desto mehr wuchs in dieser Hinsicht die Autonomie. Damit lösen die Berufe Stand und Eigentum als die beiden hergebrachten Leitformeln sozialer Ordnung nach und nach ab (ebd.).

Professionen stellen einen besonderen Typ von Beruf dar. Sie repräsentieren ein Phänomen des Übergangs von der ständischen Gesellschaft des alten Europa zur funktional-differenzierten Gesellschaft der Moderne (ebd.). Sie sind Ausdruck einer Rationalitätssteigerung und -zumutung in der Bewältigung der Probleme des sozialen Lebens (Combe u. Helsper 1996, S. 10). Sie werden in Bereichen des sozialen Lebens wirksam, denen ausreichend Bedeutung in einer Gesellschaft beigemessen wird, um sie nicht einer naturwüchsigen Bewältigung ihrer Fragestellungen und Probleme zu überlassen. Mit der Ausdifferenzierung solcher Bereiche des sozialen Lebens nehmen die Professionen an Zahl und eigener interner

Differenzierung zu, wie sie ihrerseits auch jene Ausdifferenzierung vorantreiben.

Professionen unterscheiden sich durch zwei Merkmale von anderen Berufen.

1. Sie handhaben die Berufsidee reflexiv, d. h., sie kultivieren bewußt das Wissen und das Ethos des Berufs und überführen sie in die Form einer akademischen Lehrbarkeit (ebd., S. 51). Aber das reicht zur Unterscheidung der Profession von anderen Berufen nicht aus. Alle akademischen Berufe würden sonst als Professionen gelten, die Organisationsberatung, Psychotherapie, Supervision dagegen nicht.

2. Dem reflexiven Umgang mit der Idee des Berufs ist noch eine reflexive Komponente der beruflichen Praxis hinzuzufügen. Zur Profession (zumindest neueren Typs) gehört neben der theoretischen auch eine interventionspraktische Qualifizierung.

Diese interventionspraktische Qualifizierung stellt einerseits – wie schon mehrfach betont (z. B. in den Abschnitten 1.4.6 und 2.6.1) – eine Folge der Enthierarchisierung und Entinstitutionalisierung vieler Tätigkeitsbereiche dar, andererseits treibt sie diese auch weiter voran. Es handelt sich um einen zirkulären Prozeß: Solange die Hierarchien intakt waren, unterlagen die jeweiligen Tätigkeitsbereiche einem strengen personenunabhängigen Regelment. Die Abläufe waren gleichförmig normiert und routinisiert. Sie konnten relativ unabhängig von der Kompetenz oder Inkompetenz der Personen ausgeübt werden. Mit dem Abbau der Hierarchien und anderer Institutionen wird die fachliche Eigenlogik der jeweiligen Tätigkeitsbereiche sichtbar und beginnt sich zu entfalten. Ihre Erfordernisse können durch keine vorgegebene Normierung mehr ausreichend gewährleistet werden. Es bedarf des hochgradig wissensbasierten reflexiven Handelns. Die Tätigkeitsbereiche erhalten einen reflexiven Charakter und unterliegen einer Tendenz der Professionalisierung. Diese treibt ihrerseits die Enthierarchisierung und Entinstitutionalisierung weiter voran.

Mit der immer noch rasanten Zunahme von Professionalität in tendenziell allen gesellschaftlich relevanten Bereichen hat sich die Profession als Leitprinzip durchgesetzt. Aber gerade wegen ihrer ungebremsten Entfaltung und der damit erzeugten Komplexität ist sie als Prinzip an eine Grenze gelangt, an der es zur vordringlichen

Aufgabe geworden ist, diese Komplexität selbst professionell zu bewältigen und zu reduzieren.

Was wir eingangs für immer mehr berufliche Tätigkeiten feststellen konnten, gilt im besonderen Ausmaß für die Professionen: Die Zunahme der Spezialisierung fördert die Interdependenz der Spezialisten innerhalb einer Disziplin ebenso wie die Interdependenz von Nachbardisziplinen. Das geschieht heute in einem derart hohen Ausmaß, daß die Disziplinen gegenüber der Frage ihrer Kooperation zu einem nachrangigen Prinzip werden. Die Vernetzung von immer mehr aufeinander angewiesenen Tätigkeiten wird zur vorrangigen Aufgabe. Und die nötigen Vernetzungen haben selbst ein solches Ausmaß an Komplexität erreicht, daß die Organisation ihrer Koordination zur anspruchsvollen, aufwendigen Aufgabe geworden ist. Das hat zur Folge, daß in den letzten Jahren das Prinzip Profession als Leitprinzip gesellschaftlicher Ordnung durch das Prinzip *Organisation* abgelöst wird (siehe 1.4.3).

Wo steht hier die Supervision? Ist die Frage ihrer Professionalisierung in diesem Zusammenhang ausreichend geklärt?

3.1.2 Das Verhältnis von interner Professionalisierung und gesellschaftlicher Anerkennung der Supervision

Vor nunmehr 15 Jahren, als es noch keine Berufsverbände, geschweige denn einen europäischen Verband gab, stellt Leuschner fest: „Es ist still geworden um die theoretische Diskussion, ob Supervision als Funktion oder Beruf verstanden und ausgeübt werden soll. Statt dessen hat sich die Szene pragmatisch entwickelt, nachdem verschiedene Ausbildungsstätten. ... ständig neue Supervisoren ausbilden, deren fachliche und berufliche Betätigung der Markt regelt" (Leuschner 1983, S. 65). Mit der Gründung der Berufsverbände erscheint die Frage nicht nur durch den Markt, sondern darüber hinaus durch berufspolitische Fakten eindeutig beantwortet: „Denn die staatliche Vereinsbehörde hat diesen Berufsverband genehmigt und somit auch die Zustimmung zur Bezeichnung ‚Beruf' ... gegeben" (Deutscher u. Jamnig 1997, S. 108).

Nun kann man der Meinung sein, daß weder der Markt noch die Vereinsbehörde ausreichend in der Lage sind, darüber zu befinden, ob einer Tätigkeit, die gleichwohl nachgefragt und als eigenständige Tätigkeit gesellschaftlich anerkannt wird, auch ein professioneller Charakter eignet. Dazu gilt es noch andere Kriterien zu bemühen, die sich aus der *Eigenlogik der Tätigkeit* und aus ihrem *Vergleich mit verwandten Tätigkeiten* ergeben.

Im Falle einer derart voraussetzungsreichen beruflichen Tätigkeit wie der Supervision wird man, was die *Eigenlogik der Tätigkeit* betrifft,

- den Stand der Entwicklung ihrer methodischen und theoretischen Grundlagen beachten müssen
- ebenso wie die Absicherung ihres Erwerbs in den Ausbildungsgängen;
- aber auch die Lebendigkeit der internen Diskussion und ihr Beitrag zur Weiterentwicklung von Theorien und Methoden (die, wie wir wissen, für die Supervision immer anderswo entwikkelt werden) und ihrer Anwendung werden eine Rolle spielen.

Was den *Vergleich mit verwandten Tätigkeiten* betrifft, so wird ein klares Selbstverständnis bezüglich des Grads von Ähnlichkeit mit und Unterschied zu

- Sozialarbeit,
- Psychotherapie,
- Organisationsberatung,
- Fortbildung,
- Gruppendynamik bzw.
- Teambuilding
- und ähnlichem

für Stand und mögliches Ausmaß der Professionalisierung von Bedeutung sein.

Über all das kann uns weder der Markt noch die Vereinsbehörde qualifiziert Auskunft geben. Denn so wichtig Nachfrage und staatliche Anerkennung einer Tätigkeit auch sein mögen, sie sind nicht identisch mit ihrer inneren Absicherung bzw. ihrem reflexiven Selbstverständnis. Daher wird es zwischen beidem ein Spannungsverhältnis geben, das unterschiedlich aussehen kann.

Für unser Thema lohnt es sich, einige Ausprägungen des Verhältnisses von interner Professionalisierung und äußerer Anerkennung vor Augen zu führen. Denn sie haben spezifische Auswirkungen sowohl auf den Prozeß der Professionalisierung als auch auf das professionelle Selbstbewußtsein, mit dem sich die jeweilige Tätigkeit präsentiert.

1. Die interne Professionalisierung kann sehr weit gediehen sein, ohne daß die Form der staatlichen Anerkennung (denn auch diese kann sehr unterschiedlich ausfallen) dem Professionalisierungsstand der reflexiven Tätigkeit entspricht.

Man könnte meinen, es handle sich hier um ein Mißverhältnis, das der Sache, um die es geht, nicht dienlich ist. Dennoch ist nicht auszuschließen, daß diese Art des Spannungsverhältnisses von interner Professionalisierung und äußerer Anerkennung für den weiteren Prozeß der Professionalisierung, für die Sorge um Aufrechterhaltung und Weiterentwicklung von Professionalität am meisten hergibt. Zumindest wird es eine rege Diskussion um diese Fragen in Gang halten.

Man denke hier an die Psychotherapie. Sie war längst intern in verschiedene Schulen ausdifferenziert, in Vereinen organisiert (also wenigstens mit einem Minimum an staatlicher Anerkennung ausgestattet) und wies je nach Schule ein unterschiedlich hohes Ausmaß an Professionalisierung auf – was zugrundeliegendes Theoriegebäude, methodische Fundierung und standardisierte, oft sehr aufwendige Ausbildungsgänge betrifft.

Aber sie hatte lange Zeit und hat in manchen Ländern immer noch keine staatliche Anerkennung als eigenständiger Beruf gefunden. Vielfach operierte sie und operiert noch in einer Grauzone oder wird als der Medizin zu- bzw. untergeordnete Tätigkeit entlohnt, während sie in anderen Ländern durch ein Psychotherapiegesetz als selbständiger Beruf legitimiert ist.

2. Im letzten Fall kann von einer Entsprechung zwischen interner Professionalisierung und äußerer – gesellschaftlicher – Anerkennung die Rede sein.

Ein solches Verhältnis der Entsprechung erscheint erstrebenswert. Wahrscheinlich begleitet es als *Ziel* jede Bemühung um Professionalisierung, wenn es sie nicht unausgesprochen oder ausgesprochen antreibt und leitet.

Nicht, daß das Spannungsverhältnis zwischen beiden Momenten mit Erreichen des Ziels aufgehoben wäre. Es wird in einer qualitativ anderen Form in Erscheinung treten: nicht mehr so sehr als gemeinsamer Kampf aller Vertreter der in Frage stehenden Tätigkeit um ihre öffentliche Anerkennung durch Entwicklung verbindlicher Kriterien von Professionalität. Der Schwerpunkt wird sich verschieben in Richtung eines Kampfes zwischen den verschiedenen Schulen der in Frage stehenden Tätigkeit, eines Kampfes darum, welcher die Anerkennung mit Recht zukommt, in Zukunft zukommen oder nicht gegeben bzw. entzogen werden soll.

Man denke hier z. B. an die Diskussion um die Legitimität der sogenannten alternativen Methoden in der Medizin (schon der gewählte Begriff enthält eine implizite Antwort auf die Frage). Sie mögen in ihrer internen Professionalisierung theoretisch und methodisch-praktisch nicht schlechter fundiert sein als die klassische Schulmedizin (wenn man nicht deren naturwissenschaftliche Standards zur Beurteilung aller anderen Methoden heranzieht, die nicht nach diesem Wissenschaftsparadigma vorgehen, denen dennoch ein Theoriegebäude ebenso wie methodisch gutfundierte Praktiken zugrunde liegen). Aber die Schulmedizin steht im Zentrum der mächtigen Standesvertretungen, welche wiederum Ansprechpartner von Gesetzgeber und Sozialversicherungssystemen sind.

Der Preis dieser vielleicht wünschenswerten Entsprechung zwischen interner Professionalisierung und staatlicher Anerkennung liegt vielfach in einer Beschränkung weiterer Professionalisierung und in einer defensiven Grenzziehung, die ihrerseits Beschränkungen mit sich bringt. Diese Grenzziehung wiederum kann eine pseudoprofessionelle interne Aufblähung des nun anerkannten Berufs zur Folge haben, etwa im Sinne scholastischer Verfeinerung innerhalb der gezogenen Grenzen.

Die Dialektik unterschiedlicher, oft entgegengesetzter Positionen zu Fragen der Professionalität, die zum lebendigen Prozeß der Professionalisierung innerhalb eines professionellen Tätigkeitsbereiches gehört, läuft dann Gefahr, einseitig verkürzt zu werden: etwa zu einer dogmatischen Überprüfung dessen, was als professionell gilt und was nicht. Es besteht die Tendenz, daß ein gut Teil dessen, was als weitere Bemühung um Professionalität in Erscheinung tritt, mehr der Sorge um die Wahrung von Besitzständen gilt.

3. Es ist schließlich der Fall denkbar, daß sowohl der Markt als auch die errungene gesellschaftliche Anerkennung einer professionellen Tätigkeit der Entwicklung eines ausreichenden oder angemessenen internen professionellen Selbstverständnisses vorausgeeilt sind.

Auch diese Form des Spannungsverhältnisses läßt sensible Reaktionen hinsichtlich der Fragen der Professionalität erwarten. Denn sie erzeugt eine besondere Ausprägung von Unsicherheit:

Wenn der öffentlichen Anerkennung einer professionellen Tätigkeit und der Nachfrage nach ihr nicht ein fundiertes und klares Selbstverständnis und Selbstbewußtsein ihrer Professionalität entspricht, so führt das leicht dazu, daß man sich als Ausübender dieser Tätigkeit immer professioneller geben muß, als man sich fühlt. Man ist praktisch (nach außen) zu größerer professioneller Sicherheit aufgefordert, als man sich im eigenen Selbstverständnis (nach innen) leisten kann.

In einer solchen Situation wäre die Intensivierung einer internen Diskussion um die eigene Professionalität nützlich und wünschenswert. Denn sie hält den Widerspruch zwischen geforderter professioneller Sicherheit und realer Unsicherheit bewußt und führt dazu, ihn genauer zu fassen. Und im Falle die interne Diskussion den Widerspruch nicht beseitigen kann, trägt sie möglicherweise dazu bei, ihm praktisch zu begegnen. Außerdem ist nicht auszuschließen, daß sie ihn durch weitere Klärung der Frage der Professionalität verringert.

Aber gerade in der beschriebenen Situation fällt es den Vertretern und Vertreterinnen der professionellen Tätigkeit schwer, eine Diskussion um die Professionalität zuzulassen oder zu befördern. Denn unvermeidlich bringt sie Differenzen, gegenteilige Auffassungen, Kontroversen hinsichtlich der zu klärenden Frage mit sich, erhöht also zumindest zu ihrem Beginn gerade die Unsicherheit, die sie bewältigen helfen soll. Man wird daher eher einer Tendenz begegnen, die Diskussion, wenn sie überhaupt einmal im Gang war, einschlafen zu lassen. Man wird nicht erfreut sein, wenn sie irgendwo auftaucht. Weitere Spielarten der Reaktion auf ihr Auftauchen (das unvermeidlich ist) kann man sich ausmalen:

Je mehr die Frage nach der Professionalität still gehalten, beiseite geschoben, abgewehrt wird, desto mehr schwelt sie im Untergrund, beschäftigt unausgesprochen die Gemüter, drängt dazu, sich öffentlich zu artikulieren. Dies wird in Form eines Kampfes geschehen, der seine besondere Ausprägung erhält, die ihn von den professionalisierungsspezifischen Kämpfen der beiden anderen Positionen unterscheidet.

- Im ersten Fall, in dem die innere Professionalisierung weiter gediehen ist als die äußere Anerkennung, ging der Kampf um die äußere Anerkennung, die durch weitere Professionalisierung errungen werden sollte.
- Der zweite Fall – der einer angemessenen Entsprechung von äußerer Anerkennung und innerer Professionalisierung – erschien uns gekennzeichnet durch einen Kampf der Orthodoxie gegen so etwas wie „Sekten".
- Es ist anzunehmen, daß sich im vorliegenden Fall, in dem die äußere Anerkennung der inneren Professionalisierung voraneilt, der Kampf gegen interne Nestbeschmutzer richtet.

Aber entsprechend der Diskrepanz zwischen öffentlicher Anerkennung und interner Professionalisierung, muß man im dritten Fall differenzieren. Repräsentanten der öffentlichen Anerkennung, etwa Institutionen wie die sogenannten Berufsverbände und ihre Funktionäre, werden hier gelassener reagieren als die von ihnen repräsentierten Vertreter der jeweiligen Profession, die an der Diskrepanz leiden.

Die Institutionen – ohnehin im Besitz der öffentlichen Anerkennung – werden eher an einer Professionalisierungsdebatte interessiert sein. Die Mitglieder hingegen – im Bewußtsein und im Gefühl unangemessener Professionalisierung, aber unter äußerem Druck, am Markt sicher aufzutreten – werden eher zu handwerklicher Sicherheit und praktischer Absicherung der Marktzugänge Zuflucht nehmen und auf ein Befragen ihrer beruflichen Identität abwehrend reagieren.

Das wird wiederum innerhalb der Institutionen, die ja nicht nur von ihren Funktionären, sondern auch von ihren Mitgliedern getragen werden, zu Spannung und Unruhe führen.

3.1.3 Ein Erlebnis, das den vorliegenden Gedanken Pate stand

Ich vermute, daß eine Reaktion, die mir vor nicht allzu langer Zeit entgegengebracht wurde, der dritten Kategorie von professionalisierungsspezifischem Kampf zuzurechnen ist. Ich erlaube mir, diese Reaktion zu berichten. Denn nicht nur illustriert sie das Gesagte und bringt zum Ausdruck, welcher der drei Arten des Spannungsverhältnisses von innerer Professionalisierung und äußerer Anerkennung ich die Supervision zuordne – sie enthält auch die These, von der meine Überlegungen zum Professionalisierungsstand der Supervision geleitet sind.

Im Rahmen von mehreren Veranstaltungen an der Universität Kassel gab ich der Vermutung Ausdruck, Supervision sei mehr eine spezifische professionelle Qualifikation als ein eigenständiger Beruf.

Das veranlaßte einen Kollegen zu einem Brief, der darauf hinwies, daß solche Äußerungen, öffentlich getan und zu wiederholten Malen abgegeben, um so besorgniserregender wären, als sie aus dem Munde des einzigen universitären Vertreters dieses Faches kämen.

Der Brief erging an mich, an die Bereichseinheit Supervision und Organisationsberatung, deren Geschäftsführer ohnehin ich bin, an den Dekan des Fachbereichs, an den Präsidenten der Universität und an den Vorstand der Deutschen Gesellschaft für Supervision. Tonlage und Verteiler des Briefs waren dazu angetan, den Eindruck zu erwecken, ich hätte mich gravierend gegen eine Standesregel vergangen und sollte vor ein Tribunal gestellt und zur Rechenschaft gezogen werden.

Nun ist meine Äußerung, wie wir gleich sehen werden, weder besonders originell noch besonders ketzerisch, sondern steht in der Tradition einer im Laufe der Professionalisierungsdebatte immer wieder angesprochenen, nach wie vor offenen Frage, die einen Supervisor bestenfalls dazu anregen soll, seine berufliche Positionierung zu überdenken. Wenn sie dennoch derart überschießende Reaktionen auslöst, so kann man annehmen, daß sie auf ein verunsichertes berufliches Selbstbewußtsein gestoßen ist.

Und da diese Reaktionen von einem motivierten Kollegen kommen, verstehe ich sie nicht als Entgleisung eines verunsicherten Supervisors dieses oder jenes Namens. Sie erscheinen mir vielmehr charakteristisch für engagierte Vertreter einer professionellen Tätigkeit, die sich aus den strukturellen Gründen der genannten Diskrepanz im Prozeß der Professionalisierung aufgefordert fühlen, professionell mehr zu scheinen, als sie sind, was generell verunsichert.

Es handelt sich um eine innere Verunsicherung, die mir groß genug erscheint, um dem Bewußtsein zugänglich zu sein. Tatsächlich ist sie schwer wahrnehmbar. Denn die Diskrepanz von vorausgeeilter äußerer Anerkennung und nachlaufender interner Professionalisierung verlangt von den Supervisoren, wie gesagt, äußere professionelle Sicherheit trotz innerer Verunsicherung. Die Verunsicherung legt daher bestimmte Formen der Bewältigung nahe, die man sich anhand meines Beispiels folgendermaßen vorstellen kann.

Meine inkriminierte Äußerung wird als ein von außen kommender frontaler Angriff auf die berufliche Identität wahrgenommen, der äußere Auswirkungen befürchten läßt, wie etwa eine Gefährdung der Marktchancen – in Gang gebracht durch das, was als Verunglimpfung der beruflichen Tätigkeit erlebt wird. Aus den vermuteten strukturellen Gründen fällt es schwer, die innere Verunsicherung wahrzunehmen. Als um so bedrohlicher wird die äußere Verunsicherung phantasiert, deren man am ehesten Herr werden zu können vermeint durch eine korrespondierende äußere Maßnahme, etwa indem man eine öffentliche Disziplinierung des Störenfrieds verlangt.

Die Deutsche Gesellschaft für Supervision als institutionelle Vertreterin der einen Seite der Diskrepanz im Prozeß der Professionalisierung, nämlich der vorausgeeilten öffentlichen Anerkennung der Supervision, hat keinen Grund, verunsichert zu sein, hat vielmehr Interesse an einer Weiterentwicklung der Professionalität – und hat daher den Brief als Anlaß genommen, eine verbandsinterne Diskussion zum Thema zu eröffnen, zu der die folgenden Überlegungen einen Beitrag darstellen sollen.

3.1.4 Supervision zwischen professioneller Funktion und Beruf

Die folgenden Ausführungen zur Frage, ob Supervision ein Beruf sei, wollen eher in theoretischer als in berufspolitischer Hinsicht verstanden sein, auch wenn sich beides nicht trennen läßt. Denn immerhin haben sowohl Markt als auch Verbandsgründungen eindeutige praktische und politische Antworten auf die theoretische Frage bereitgestellt – Antworten, die selbst wieder zu Fragestellungen Anlaß geben. Auf jeden Fall scheint mir die Frage nach der *Art* der Professionalisierung der Supervision mit jenen praktischen Antworten nicht ausreichend geklärt. Auch die der deutschen Verbandsgründung vorausgehende, in der Zeitschrift *Supervision* (1987, Heft 11) geführte Debatte zur Professionalisierung von Supervision, auf die ich mich im folgenden mehrfach beziehen werde, scheint mir in ihren Anregungen nicht ausgelotet.

Wie schon angedeutet, unterscheide ich zwischen *professioneller Tätigkeit* einerseits und *Profession im Sinne eines eigenständigen, selbständigen Berufs* andererseits. Wenn ich die Frage stelle, ob Supervision ein Beruf sei, so ist Gegenstand dieser Frage der Anspruch der Supervision, einen selbständigen Beruf darzustellen, mit eigenem Berufsbild, Standesvertretung, rechtlicher Regelung der Berufsausübung usw.

Wenn ich mich entscheide, Supervision nicht für einen eigenständigen Beruf zu halten, so betrifft das nicht die Supervision als eigenständige Beratungsform, die allen Anforderungen an entwikkelte und weiter in Entwicklung befindliche Professionalität genügt. Gerade als solche erscheint sie mir unumstritten:

- Sie verfügt über einen wohldefinierten eigenständigen Tätigkeitsbereich.
- Sie ist als professionelle Tätigkeit methodisch vielfach fundiert, entspricht also den interventionspraktischen Bedingungen professionellen Handelns.
- Sie weist eine reichhaltige und lebendige Theorieentwicklung auf, die in eigenen Publikationsorganen ihren Niederschlag findet.
- Sie ist in Verbänden organisiert.
- Und sie erfreut sich einer regen Nachfrage.

Bevor ich fortfahre, möchte ich an dieser Stelle einer Sorge Ausdruck verleihen. Mir ist bewußt, daß es berufspolitisch von eindeutigem Interesse ist, Supervision als Beruf zu etablieren. Ich vermute daher, daß meine Ausführungen mehr mit diesem berufspolitischen als mit meinem theoretischen Interesse gelesen werden. Und da sie das berufspolitische Interesse nicht unmittelbar befördern, läuft eine Differenzierung wie die soeben getroffene Gefahr, übersehen oder als bedeutungslos ignoriert zu werden: Daß ich Supervision als hochqualifizierte, in Lehr- und Studiengängen zu erwerbende eigenständige professionelle Beratungsform sehe, wird vermutlich untergehen. Daß ich sie nicht für einen eigenen Beruf halte, wird übrigbleiben und damit gleichgesetzt werden, daß ich sie entwerte.

Ich halte das für bedauerlich, weil ich glaube, daß diese Differenzierung wenn auch nicht neu, so doch immer noch diskutierenswert ist. Auch halte ich es nicht für förderlich, theoretisch vielleicht nützliche Unterscheidungen aus Gründen berufspolitischer Räson nicht vorzunehmen. Noch dazu, wo die theoretische Diskussion, egal wie die gestellte Frage beantwortet werden mag, wahrscheinlich überhaupt keinen Einfluß auf Image und Nachfrage von Supervision am Markt hat:

Supervision wird nicht deshalb weniger nachgefragt werden, weil jemand die Frage stellt, ob sie ein Beruf sei. Wenn sie sich als nützlich und hilfreich erweist, wird es für ihr Image keinen Unterschied machen, ob sie sich nun als Beruf oder als professionell fundierte Funktion präsentiert.

Wohl aber wird es auf Nachfrage und Image einen Einfluß haben, ob Supervision professionell durchgeführt wird oder nicht. Dafür mag etwas mehr Klarheit in der Frage: Funktion oder Beruf? von Bedeutung sein. Denn auch von ihr hängt eine klare professionelle Identität der Supervisoren und damit Sicherheit in der Ausübung der professionellen Tätigkeit ab. Ich erinnere an die vorhin beschriebene Professionalisierungsdiskrepanz, die ich in der Supervision orte: Muß man mehr scheinen, als man ist, läuft man Gefahr, mehr zu tun, als man kann.

Nun ist, wie schon gesagt, weder die Unterscheidung zwischen Supervision als Profession und Supervision als professioneller Tätigkeit originell oder neu, noch stellt die Option für die professionelle Tätigkeit und gegen die eigenständige Profession eine revolutionäre Entscheidung dar.

Die Unterscheidung zieht sich durch die ganze Professionalisierungsgeschichte der Supervision. Sie scheint vor 15 Jahren (siehe die Eingangszitate in Abschnitt 3.1.2) eher verstummt gewesen. Vor der Verbandsgründung ist sie kurzfristig wieder aufgetaucht. Nach dieser erschien sie vorübergehend von nachrangigem Interesse angesichts der Dynamik der Supervisionsszene, die in rasanter Ausweitung und Differenzierung begriffen war. Jedoch mit wachsender Etablierung, interner Ausdifferenzierung und Weiterentwicklung der Tätigkeit ist sie im Begriff wieder an Aktualität zu gewinnen.

Wir haben es hier mit einem bemerkenswerten Sachverhalt zu tun: Eine reflexive Tätigkeit unterliegt einem steil ansteigenden Ausmaß an interner Professionalisierung. Die Nachfrage steigt in noch steilerer Kurve an. Die berufspolitische Absicherung wird zügig und ebenso professionell vorangetrieben. Sogar die staatliche Anerkennung, die in die Richtung eigenständiger Beruf weist, beginnt in manchen Ländern eine wenngleich nicht unumstrittene Form anzunehmen.

Und dennoch verstummt die Frage nicht: Beruf oder Funktion, Berufsprofil oder Funktionsprofil (Gotthardt-Lorenz 1997)? Ja, die Frage stellt sich berufsintern auch dann immer neu, wenn berufspolitische Antworten auf sie gefunden wurden. So wird Supervision im deutschsprachigen Raum berufspolitisch „vorwiegend als eigenständige berufliche Tätigkeit gesehen", in den Niederlanden hingegen „eher als eine Funktionserweiterung verschiedener Basisberufe" (ebd., S. 37) Mit den beiden Antworten liegt die ganze Frage vor uns.

Wenn eine solche zentrale Fragestellung in Abständen immer wieder auftaucht, scheint es zielführender, zunächst nach den Gründen dafür zu forschen, anstatt, um die Gemüter zu beruhigen, rasch wieder eine Antwort zu versuchen, die vielleicht nach einiger Zeit zum erneuten Auftauchen der Frage führt. (So würde wahrscheinlich die Entscheidung: Deutschland hat recht, die Niederlande irren sich – oder auch umgekehrt, die Frage nicht aus der Welt schaffen.)

Vielleicht ist es nicht überflüssig, den nächstliegenden und selbstverständlich erscheinenden Grund für das chronische Auftauchen der Frage zu benennen:

Wenn es sich um eine Frage handelte, die ohne Bedeutung wäre, so würde sie auch ohne befriedigende Antwort wieder verschwinden oder zumindest wenig Resonanz finden. Taucht die Frage, ob Supervision einen Beruf oder eine professionelle Funktion darstellt, immer wieder auf und löst emotionalisierte Diskussionen aus, dann spricht alles dafür, daß sie

1. von Bedeutung ist für die berufliche Identität von Supervisoren und Supervisorinnen und für die Positionierung der Supervision im Konzert verwandter beruflicher Tätigkeiten und daß es

2. *bisher keine eindeutige, allgemeinverbindliche Antwort auf sie gibt.*

Gut. Aber warum ist das so? Liegt ein Versäumnis vor? Haben die Vertreter und Vertreterinnen des Faches hier professionelle Nachlässigkeit walten lassen? Die Vermutung ist immerhin erlaubt. Denn in den meisten beratenden Tätigkeiten findet heute ein Wettlauf um rasche, weithin sichtbare Professionalisierung minimaler Unterschiede statt. Dabei mag der Wunsch nach Wettbewerbsvorteilen auf einem heißumkämpften zukunftsträchtigen Markt schon eine Rolle spielen. Hat dies in unserem Fall etwa zur Produktion eines Gutes geführt, das sich nun als halbfertig oder als chronischer Bestandteil herausstellt?

All das ist nicht anzunehmen angesichts der Fülle sorgfältiger Professionalisierungsschritte in den anderen professionellen Aspekten der Supervision. Aber selbst wenn man mit der psychologisierenden Annahme eines Versäumnisses in Fragen der Professionalisierung spielen will: Die Frage bleibt bestehen, wieso sich gerade hinsichtlich der nicht unerheblichen Differenz zwischen Beruf und Funktion eine solche Nachlässigkeit durchsetzen konnte – bei sonstiger erfolgreicher Professionalisierung der Supervision.

Vielleicht hilft es weiter, wenn wir versuchen, das, was als Professionalisierungsdefizit erscheint, nicht als einen Mangel, sondern als einen Sachverhalt zu betrachten, der uns Aufschluß geben kann über wichtige Aspekte der Supervision: Vielleicht ist die Supervision eine Angelegenheit, die sich in der Frage Funktion oder Beruf einer eindeutigen Antwort entzieht.

Einiges spricht dafür. Denn wenn man genauer hinsieht, finden sich in verschiedenen Aspekten, die für die Supervision von Bedeutung sind, Gründe, die verstehen lassen, daß die Frage Beruf oder Funktion immer wieder auftaucht. Es finden sich Gegensätze, die einmal für das eine, ein andermal für das andere sprechen.

3.2 Noch einmal: Definiert die Supervision der Gegenstand oder die Methode?

Unsere Überlegungen haben mit einer Unterscheidung begonnen, die ich von Weigand übernommen habe (siehe Abschn. 1.1): Es ist der Gegenstand (berufliche Arbeit), der die Supervision als eigenständige Beratungsform konstituiert, es sind nicht die Methoden, die in ihr zur Anwendung kommen. Wir müssen diese Unterscheidung nun aufgreifen. Denn so unverzichtbar sie erscheint, sie enthält einigen Sprengstoff für die Professionalisierungsdiskussion, Sprengstoff insbesondere für die Frage Beruf oder Funktion. Wie man es dreht und wendet, man gerät an Grenzen, mit denen sich die Frage Beruf oder Funktion in neuer Form immer wieder stellt.

– Man kann argumentieren, daß ein klar definierter und unterschiedener Gegenstand als Basis für einen eigenen Beruf genüge – auch wenn er sich des Methodenrepertoires anderer Berufe bedient. Der Anspruch, ein eigener Beruf zu sein, ist dann erfüllt, wenn der Gegenstand nicht mit den anderen Berufen, deren Methoden man sich bedient, geteilt wird. Mit dieser Legitimation ihrer beruflichen Eigenständigkeit befindet sich die Supervision in guter Gesellschaft.

Auch ein Sprachwissenschafter etwa oder ein Kulturkritiker, der sich zur Gewinnung seiner Erkenntnisse psychoanalytischer Theorien und Methoden bedient, wird deshalb nicht zum Psychoanalytiker. Er bleibt Sprachwissenschafter oder Kulturkritiker, welcher Theorien und Methoden er sich auch immer bedient. Die Berufszugehörigkeit wird auch hier durch den Gegenstand der Arbeit definiert.

– Man kann aber auch andersherum argumentieren. In Fällen wie dem unsrigen sei es gerade das Methodenrepertoire, welches die primäre Berufszugehörigkeit definiert. Schließlich geht es in der Supervision, anders als in den soeben herangezogenen Beispielen, nicht um die Gewinnung theoretischer Erkenntnisse, sondern um interventionspraktische Kompetenz zur professionellen Steuerung eines Prozesses.

Je nach zugrunde gelegter Methode wird diese Steuerung anders geschehen: Ein gruppendynamisch orientierter Supervisor wird den Supervisionsprozeß anders gestalten als ein psychoanalytisch oder systemisch orientierter. Der erste wird vielleicht eher auf Autoritäts- und Machtphänomene in der beruflichen Interaktion fokussieren; der zweite auf Übertragungsphänomene und unbewußte Abwehren oder auf Veränderungswiderstände, die einen störenden Einfluß auf die Arbeit haben; der dritte mag etwa den Sinn der präsentierten Interaktionsmuster für die Arbeit hervorheben und nach Ausnahmen suchen.

Aber nicht nur das, je nach Methode wird auch der Gegenstand anders aussehen, oder, genauer gesagt, er wird ein anderer Gegenstand sein. Für einen psychoanalytisch orientierten Supervisor wird die vorgelegte Arbeitssituation eine Möglichkeit darstellen, innerpsychische, etwa triebdynamische oder objektbeziehungs-psychologische Verhältnisse zum Ausdruck zu bringen und zu beeinflussen. Ein Organisationsberater wird dieselbe Arbeitssituation als Knotenpunkt organisatorischer Prozeßabläufe sehen, deren Funktionalität überprüft werden soll. Zwar werden beide – wenn sie denn Supervision betreiben und nicht Psychotherapie oder Organisationsberatung, was ja gelegentlich unter dem Etikett der Supervision geschieht – darauf achten, daß ihre Reflexion der Arbeitsfähigkeit des Klienten oder des Klientensystems dient. Aber der Gegenstand der Reflexion wird hier nicht die Methode beeinflussen, sondern die eingesetzte Methode wird bestimmen, welche Aspekte des jeweiligen Gegenstandes ich zu Gesicht bekomme.

(Dessenungeachtet wird es vom Gegenstand abhängen, in welcher Weise die zugrunde gelegte Methode ausgeübt werden kann. Es wird auch vom Gegenstand abhängen, ob die jeweilige Methode zu seiner Bearbeitung angemessen ist oder ausreicht. So kann man z. B. mit einer personenorientierten Methode wie der Psychoanalyse organisatorische Sachverhalte in ihrer Eigendynamik nicht adäquat erfassen. Dennoch bleibt in der vorliegenden Argumentation die Methode das Primäre: Ein Psychoanalytiker z. B. bleibt auch dann Psychoanalytiker, wenn er zusätzlich zu seiner Behandlungstätigkeit kulturkritische Analysen veröffentlicht oder Supervision betreibt.)

Es ist noch ein anderes Argument denkbar, das für die Priorität der Methode in der Supervision spricht. Der Erwerb und die Beherrschung der Methoden in den beratenden Berufen beanspruchen den größten Energieaufwand im Prozeß der individuellen Professionalisierung. Auch die berufliche Identität erscheint meist gründlicher geprägt durch die methodenbestimmte Schulzugehörigkeit als durch den Gegenstand der beruflichen Arbeit. (Man kann als Psychoanalytiker, Systemiker usw. sowohl Therapeut als auch Supervisor oder Berater sein. Nicht so gut kann man als Supervisor oder als Psychotherapeut usw. gleichzeitig Psychoanalytiker und Systemiker und Rogerianer usw. sein).

In dieser Argumentation wäre (ganz im Gegenteil zur vorangegangenen) die methodenorientierte Basisqualifikation das Primäre. Sie würde bestimmen, welchem Beruf man angehört. Man bliebe etwa Psychoanalytiker oder systemischer Organisationsberater, auch wenn man als Supervisor arbeiten würde. Für diese Arbeit wäre man qualifiziert durch eine auf der Basisqualifikation aufsetzende Zusatzqualifikation, in der man den gegenstandsadäquaten Einsatz der jeweiligen Methode erlernen würde. Damit hätten wir aber die Möglichkeit der Supervision, sich als eigenständiger Beruf zu qualifizieren, gleich preisgegeben. Wir werden diese Argumentation daher hier nicht weiterverfolgen.

– Will man gegenüber der Priorität der Methode dennoch die Eigenständigkeit der Supervision verteidigen, so könnte man schließlich argumentieren, daß die Supervision charakterisiert sei durch ihren gegenstandsgerecht eingesetzten Methodenmix. Dieser stelle so etwas dar wie eine supervisionsspezifische (etwa schulübergreifende) Methode. Zumindest sei er eine methodenorientierte Interventionsperspektive, auf der die Supervision als Handwerk (oder als „Kunst") basiere. Aber der Methodenmix ist immer nur abgeleitet vom besonderen Gegenstand der Supervision. Die Eigenart des Gegenstands ist es, die bestimmt, welche Methode welchem Gegenstand angemessen ist. Die Frage nach der Supervision als spezifischer beruflicher Tätigkeit weist doch wieder auf den Gegenstand zurück

Will man also Supervision als eigenständige Beratungsform rechtfertigen und damit eine zentrale Voraussetzung schaffen für ihre mögliche Anerkennung als eigener Beruf, so scheint dies nur über die Besonderheit ihres Gegenstandes möglich. Je besser die unverwechselbare Besonderheit des Gegenstandes der Supervision abgesichert, in je mehr Berufsfeldern dieser Gegenstand durch Supervision betreut ist, um so näherliegend, sie nicht nur als professionelle Tätigkeit eigener Art zu legitimieren, sondern auch als eigenen Beruf.

Man kann allerdings an der Eigenständigkeit des Gegenstandes der Supervision auch seine Zweifel anmelden. Schon in mancher traditionellen, in der Geschichte der Supervision fest verankerten Form ihres Einsatzes scheint die Eigenständigkeit des Gegenstandes nicht ausreichend gewährleistet. Erst recht stellt sich die Frage danach mit ihrem neuen Einsatz in Organisationen, mit dem ihre wichtigste methodische Weiterentwicklung verbunden ist. Darüber hinaus legt die gesellschaftliche Tendenz, immer mehr Tätigkeiten einer Professionalisierung zuzuführen, der Supervision neue Gegenstandsbereiche nahe, mit denen die Eigenständigkeit ihres Gegenstandes ebenfalls in Frage gestellt ist.

Dies muß verwundern. Ist doch eher zu erwarten, daß die Supervision mit jedem neuem Einsatzgebiet und jeder methodischen Weiterentwicklung einen neuen Schritt auf dem Weg zu ihrer beruflichen Eigenständigkeit tut als das Gegenteil. Wie kommt das?

3.3 Zur Eigenständigkeit des Gegenstandes der Supervision

Berufliche Tätigkeit ist in sehr unterschiedlicher und vielfältiger Ausprägung Gegenstand der Supervision. Je nachdem in welche

Richtung der umfangreichen und heterogenen Nachfrage man sich wendet, lassen sich hinsichtlich der Eigenständigkeit des Gegenstandes hinreichend Gründe für alle wünschenswerten und nicht wünschenswerten Varianten finden:

- Man kann argumentieren für Supervision als Beruf.
- Es gibt gute Gründe, Supervision als professionelle Funktion zu definieren.
- Aber auch ohne eigene supervisorische Professionalität kann Supervision professionell betrieben zu werden.

Sehen wir uns an, was für jede diese drei Möglichkeiten spricht. Weil die letzte Variante so widersprüchlich klingt, wollen wir mit ihr beginnen. Die weiteren Überlegungen werden hauptsächlich der ersten Variante gelten. Denn sie ist in sich widersprüchlicher, als sie klingt, und der in ihr enthaltene, bislang eher versteckte Widerspruch macht die eigentliche Schwierigkeit in der Diskussion um die Professionalisierung der Supervision aus.

3.3.1 Eigener Gegenstand – keine supervisorische Professionalität

Wenn man für Supervision als professionelle Funktion oder gar als eigenen Beruf eintritt, so stellt der Verzicht auf eigene supervisorische Professionalität die am wenigsten wünschenswerte Variante dar. Dennoch begegnet sie uns häufig. Fast alle Ausbildungssupervisionen, aber auch berufsbegleitende Fallsupervisionen derjenigen *beratenden Berufe, die über ein eigenständiges Methodenrepertoire verfügen*, gehören hierher.

Kandidaten der Psychotherapie, der Gruppendynamik oder der Organisationsberatung müssen im Rahmen ihrer Ausbildung die Tätigkeit, die sie erlernen wollen, unter Supervision ausüben. Vom Lehrtherapeuten, Lehrtrainer oder Lehrberater, der die Supervision durchführt, wird üblicherweise bloß die besondere Qualifikation in dieser seiner Profession verlangt. Die Erfüllung von Standards professioneller Supervision spielt dabei meist keine Rolle. Das ist verständlich. Geht es in der Ausbildungssupervision doch primär um den Erwerb des methodischen Repertoires des jeweiligen Berufs durch den Kandidaten. Die Reflexion der eigenen Berufsrolle etwa, sowohl im Rahmen der ausbildenden Institution als auch im Vergleich zu benachbarten Berufen, ist meist kein eigenes Thema. Erst dafür aber wäre eine eigene supervisorische Qualifikation zusätzlich zur Basisqualifikation sinnvoll. Lernziele dieser Art sind traditionell nicht als Teil der formellen Ausbildung vorgesehen.

Für die Zielsetzung der Ausbildungsinstitutionen ist daher ein erfahrener Vertreter des jeweiligen Berufs der geeignete Supervisor. Es wäre nicht hilfreich, einen Kandidaten, sagen wir, in einer psychoanalytischen Ausbildung, seine sogenannte Kontrollanalyse unter der Supervision eines zwar brillanten Supervisors durchführen zu lassen, der aber gar kein oder nur ein mittelmäßiger Psychoanalytiker ist. Der umgekehrte Fall hingegen, daß ein guter Lehranalytiker auch ohne professionelle supervisorische Qualifikation seine Ausbildungsarbeit zufriedenstellend durchführt, ist denkbar und meist auch geübte Praxis. Das gleiche gilt für die Gruppendynamik oder die Organisationsberatung.

Man kann die relative Vernachlässigung einer eigenen supervisorischen Qualifikation in der Ausbildungs- und Fallsupervision der genannten Berufe folgendermaßen verstehen: Es handelt sich um reflexive Berufe. Die methodische Reflexion der beruflichen Interaktion stellt eine zentrale Voraussetzung für gelingendes berufliches Handeln dar. Auch der Ausbildungssupervisor reflektiert die berufliche Interaktion – allerdings die des Kandidaten, und nicht seine eigene. Dennoch kann er sich zu diesem Zweck derselben Methode bedienen, die er verwendet, wenn er nicht als Supervisor, sondern als Berater im Feld tätig ist.

Dem Gegenstand dieser supervisorischen Tätigkeit scheint kein ausreichender Unterschied zum Gegenstand der eigenen professionellen Arbeit im supervidierten Feld zugestanden zu werden, um Supervision hier als eigene professionell qualifizierte Tätigkeit definieren zu müssen.

Dennoch kann man der Auffassung sein, daß auch für die Ausbildungs- und Fallsupervision in jenen Berufen, die über ein eigenes reflexives Methodenrepertoire verfügen, eine zusätzliche supervisorische Kompetenz von Nutzen sei – etwa für die Bearbeitung von Fragen, die zwar nicht unmittelbar die professionelle berufliche Interaktion betreffen, aber dennoch für die Berufsausbildung von Bedeutung sind.

Denn sicher wäre auch eine Reflexion der eigenen Berufsrolle im Rahmen der ausbildenden Organisation für die Ausübung des

Berufs hilfreich. Darüber hinaus wird berufliche Kooperation innerhalb und zwischen den Professionen für die kompetente Ausübung der beruflichen Qualifikation immer wichtiger. Solche Kooperation verlangt ihrerseits immer aufwendigere Organisations- und Reflexionsleistungen, zu deren Bewältigung das berufsspezifische methodische Know-how nun meist nicht mehr ausreicht. Davon war schon die Rede.

Sollte die Ausbildungssupervision eine solche Reflexion leisten, so müßte sie in der Lage sein, dies als eigenen Supervisionsgegenstand zu markieren, der sich vom primären Supervisionsgegenstand unterscheidet. Außerdem müßte sie über zusätzliche methodische Kenntnisse verfügen, um diese Aufgabe erfüllen zu können. Das würde die Komplexität ohnehin schon sehr komplexer Reflexionsvorgänge noch potenzieren. Man hat es deshalb meist unterlassen. Das mag sich in Zukunft ändern, wenn auch in diesen Professionen greifbar wird, daß die Profession als Leitform gesellschaftlicher Ordnung von der Organisation abgelöst wird (siehe 3.5).

Aber selbst wenn die in Frage stehenden Berufe bereit sind, sich institutionell auf diese Erweiterung ihrer reflexiven Kompetenz einzulassen, sie werden nicht dazu beitragen, Supervision als eigenen Beruf zu etablieren. Bestenfalls werden sie für die Supervision als Zusatzqualifikation, die auf die Basisqualifikation des jeweiligen beratenden Berufs aufsetzt, Verwendung finden. Dies ist aus zwei Gründen anzunehmen. Erstens wird der Schwerpunkt der Supervision in diesen Berufen weiterhin auf der methodischen Reflexion ihrer beruflichen Arbeit liegen, für die das oben Gesagte gilt. Zweitens kann die qualifizierte Reflexion der beruflichen Rolle von Ausübenden eines hochreflexiven Berufs als genuine Aufgabe dieser Berufsgruppe angesehen werden. Das heißt, falls die hier in Frage stehenden Berufe es doch einmal als nützllich für ihre Berufsausübung ansehen werden, berufliche Rolle und Ausbildungs- oder Berufsorganisation einer eigenen Reflexion zuzuführen, so werden sie versuchen, dies in Eigenregie zu tun.

Es ist aufschlußreich, zu dieser Problematik das Kapitel über Ausbildungssupervision in Pühls Handbuch der Supervision (Pühl 1994a, S. 403 f.) zu studieren. In kaum einer der dort vorgestellten Schulen steht eine eigene professionelle supervisorische Kompetenz des Supervisors zur Diskussion – und das nicht deshalb, weil sie ohnehin als selbstverständlich vorausgesetzt wird. Weder in der Arbeit zur Supervision in der psychoanalytischen Ausbildung (Cremerius 1994, S. 419 f.) noch im Kapitel über Supervision in der klientenzentrierten Ausbildung (Linster u. Panagiotopoulos 1994, S. 432 f.), noch auch in den Ausführungen, die der Supervision in der Verhaltenstherapieausbildung gewidmet sind (Tilmanns 1994, S. 447 f.), ist davon die Rede. Die Arbeit zur klientenzentrierten Ausbildung betont eigens die Identität des Vorgehens in Therapie und Supervision. Es heißt dort, das Vorgehen in der Supervision solle wie ein therapeutischer Dialog dieser Schule gestaltet werden (ebd., S. 438).

Einzig in Pühls Arbeit über Supervision in der (Fach-)Hochschulausbildung spielt die professionelle Supervisionskompetenz eine Rolle (Pühl 1994b, S. 406 f.). Doch gerade in diesem Fall gilt das hier Gesagte nicht: Es handelt sich um Berufe, die ursprünglich keine beratende Funktion hatten. Sie verfügten über kein eigenes Methodenrepertoire zur Gestaltung der Beziehung zu ihren Klienten. Erst im Laufe ihrer Geschichte haben sie begonnen, auf andere als fachliche Kenntnisse zu achten und eine reflexive Komponente in die Tätigkeit einzubauen. Diese kann gerade nicht mit dem Basis-Know-how des eigenen Berufes verwaltet werden.

Zusammenfassend läßt sich sagen, daß Supervision zwar häufig und regelmäßig in den beratenden Berufen als Ausbildungs- und berufsbegleitende Fallsupervision ausgeübt wird. Aber sie wird dort deshalb nicht als eigene professionelle Qualifikation in Erscheinung treten, weil sich weder ihr Gegenstand ausreichend vom Gegenstand der supervidierten Tätigkeit noch ihr Vorgehen ausreichend von deren Vorgehen unterscheidet. Die beratenden Berufe verfügen bereits über ein mehr oder weniger abgesichertes Repertoire von Methoden. Die Reflexion von Interaktions-, Gruppen- oder Organisationsprozessen gilt als wesentliches Merkmal ihrer Professionalität. Es ist daher naheliegend, daß sie zur berufsintern durchgeführten supervisorischen Reflexion dieser beruflichen Prozesse nicht noch eine andere anspruchsvolle Professionalität entwickeln, die sich von der primären Qualifikation unterscheidet.

Sie werden daher zwar ein wichtiges Feld der Supervision darstellen, aber von ihnen und ihrem internen Reflexionsbedarf werden keine entscheidenden Impulse zur Entwicklung der Supervision als eigener Beratungsform ausgehen.

3.3.2 Supervision als eigene professionelle Tätigkeit

Wie gesagt, mehren sich die Berufe, in denen Supervision als eigene professionelle Qualifikation in Anspruch genommen wird. Es handelt sich um Berufe, deren Gegenstand ausreichend vom Gegenstand der Supervision unterschieden ist.

Wir sind den Kriterien, welche diese Berufe kennzeichnen, schon begegnet. Sie sollen nun zusammengefaßt werden:

1. Im Vordergrund steht eine *primäre fachliche Qualifikation*. Sekundär hat sich herausgestellt, daß die *Gestaltung der beruflichen Interaktion* aus den folgenden Gründen eine wichtige Rolle spielt.

2. Die Interaktion ist *komplex*. Sie ist *nicht oder nicht mehr institutionell geregelt und eindeutig festgelegt*.

3. *Weitere reflexive Momente* sind für die erfolgreiche Ausübung des Berufs von Bedeutung (wie etwa die reflexive Gestaltung von Rollenwidersprüchen oder organisatorischen Rahmenbedingungen der Tätigkeit).

4. Es handelt sich um Berufe, die meist *kein eigenes berufsspezifisches Methodenrepertoire* zur Bewältigung der in den ersten Punkten genannten Aufgaben entwickelt haben.

Diese Kategorie von Berufen ist nicht nur für die Professionalisierung von Supervision von zentraler Bedeutung. Sie stellt, wie schon erwähnt, auch einen immer größeren Anteil ihres Marktes (wie z. B. Sozialarbeit, Lehrberufe, Seelsorge, Rechtspflege, Gesundheitsberufe, viele Tätigkeiten im Bereich der öffentlichen Verwaltung; nicht zuletzt auch Führung, die sich zur eigenen Profession entwickelt hat).

Ursprünglich hatten diese Berufe also eine fachliche Aufgabe als ihren primären Arbeitsgegenstand. Sie dienten etwa der Vermittlung von Kulturtechniken und Wissen an Schüler, der Lösung juristischer Fragestellungen, der Heilung von Krankheiten usw. Die Gestaltung der beruflichen Interaktion, die Reflexion der Berufsrolle, die Wahrnehmung organisatorischer Sachverhalte im Kontext der Arbeit – all das stellte ursprünglich keinen eigens definierten Aufgabenbereich für diese Berufe dar. Interaktionsformen in der Ausübung der beruflichen Tätigkeit, Berufsrolle und Organisation waren institutionalisiert und damit außer Streit gestellt. In den meisten dieser Berufe war der professionelle Schwerpunkt schon festgelegt, bevor es nach und nach notwendig wurde, die berufliche Interaktion, die Berufsrolle und die Organisation reflexiv zu gestalten.

Die Einführung dieses neuen, reflexiven Schwerpunkts wurde als lästige Ablenkung von der „eigentlichen" (= fachlichen) Arbeit angesehen. Wenn man sich ihm schon widmen mußte, dann hauptsächlich dort, wo es sich um die Behebung von Störfaktoren der fachlichen Arbeit handelte. Dort galt es, den sozialen Bedingungen der fachlichen Arbeit zum Zweck der Störungsbewältigung vorübergehend die Aufmerksamkeit zu schenken.

Diese Haltung stellt ein tiefverankertes Relikt aus einer Zeit intakter institutionell-hierarchischer Reglementierung der meisten beruflichen Abläufe dar. Nach hierarchischer Logik dient die Reflexion von Interaktion immer nur der Lokalisierung und Behebung einer unerwarteten Störung oder der Beseitigung eines Mangels.

Erst als solche Störungen häufiger auftraten oder gar Teil des Berufsalltags wurden, begann man zu entdecken, daß in ihnen zentrale Bedingungen erfolgreicher beruflicher Arbeit enthalten waren, die es zu gestalten gilt. Diese neue Aufgabe erwies sich als derart anspruchsvoll, daß man sie nicht mehr nebenbei bewältigen konnte. So entwickelte sich die Supervision als professionelle Beratungsform, die der beruflichen Selbstreflexion diente. Ihre Professionalität war nicht identisch mit der primären Professionalität der in Frage stehenden Berufe.

Für diesen Prozeß der Professionalisierung der Supervision sind die einzelnen hier genannten Berufe von unterschiedlicher Bedeutung. Wie schon erwähnt (Kap. 1.3, Abschn. 4), spielt die Sozialarbeit in diesem Zusammenhang eine besondere Rolle. Nicht zufällig läuft die Professionalisierung der Supervision als Beratungsform in der ersten Phase ihrer Entwicklung parallel zur Professionalisierung der Sozialarbeit und erhält von dieser die wichtigen Anstöße. Denn die Sozialarbeit hat mit Beginn ihrer Professionalisierung als eher beratender (und nicht mehr bloß verwaltender) Beruf den zentralen Stellenwert der vorhin genannten reflexiven Momente für ihre Arbeit erkannt und daher versucht, den Erwerb von entsprechender Professionalität in ihrer Ausbildung via Supervision zu verankern.

Nach und nach haben sich die Anstöße für die Weiterentwicklung der Supervision verlagert. Sie kommen aus anderen Berufsfeldern, so daß die traditionelle Bindung an die soziale Arbeit nicht mehr angemessen erscheint. War es in der ersten Phase ihrer Professionalisierung noch gerechtfertigt, Supervision als zusätzliche professionelle Qualifikation zu erwerben, aufsetzend auf dem Basisberuf Sozialarbeit, so legt die weitere Professionalisierung der Supervision die Überlegung nahe, ihr als eigenem Berufsbild mit einem völlig eigenständigen, nicht mehr an einen oder zwei Berufe gebundenen Gegenstand Profil zu geben.

3.4 Zur weiteren Professionalisierung der Supervision: Ausweitung des Gegenstandsbereichs – Einschränkung der Eigenständigkeit

Wir befinden uns an einer zentralen Stelle unserer Argumentation und finden uns mit einem Paradox konfrontiert, dessen Verständnis der Rest dieser Arbeit gewidmet ist. Bevor wir uns diesem Paradox schrittweise annähern, sei es zusammenfassend benannt.

Die Professionalisierung der Supervision schreitet weiter voran. Ihr Gegenstandsbereich und ihre Anwendungsgebiete weiten sich aus. Das Set der Methoden, deren sich die Supervision bedient, um die neuen Aufgaben zu bewältigen, wird reicher. Immer mehr scheint also dafür zu sprechen, daß sie sich nicht nur als eigene berufliche Qualifikation, sondern als eigener Beruf etabliert.

Gleichzeitig gibt diese Entwicklung eine gegenläufige Bewegung zu erkennen. Alles, was für die weitere Etablierung spricht, insbesondere ihre bislang wichtigste Weiterentwicklung, die auf alle ihre anderen Anwendungen zurückwirkt – ihr Einsatz in Organisationen –, scheint gerade das aufzulösen, was am ehesten ihren Anspruch hätte begründen können, ein eigener Beruf zu sein: die Exklusivität ihres Gegenstandes.

Es könnte sein, daß die Ausbreitung der Nachfrage auf andere Felder diese Entwicklung vorantreibt. Das Muster, nach dem sich die Supervision entfaltet, scheint so aussehen: Je autonomer ihr Vordringen in immer weitere Felder gesellschaftlich relevanter Tätigkeiten und je fundierter ihre Eigenständigkeit als professionelle Beratungsform, desto mehr büßt sie ihren Anspruch ein, als eigener Beruf in Erscheinung zu treten.

Wir wollen diesem Paradox noch ein weiteres Paradox hinzufügen: *Erst mit dem scheinbaren Verlust an Autonomie als eigener Beruf kann die Supervision das gewinnen, was sich in Zukunft als die sinnvollste, möglicherweise einzige Vorstellung von Autonomie einer hochentwickelten Profession herausstellen könnte: ihre komplexe, organisatorisch ab-*

gesicherte Vernetzung mit anderen Professionen, die es ihr erst erlaubt, ihre Professionalität voll zu entfalten (Organisation als Leitprinzip vor Profession). Aufgrund ihrer Besonderheit als Beratungsform scheint sich die Supervision als exemplarische Vorläuferin dieser Entwicklung zu eignen.

3.4.1 Supervision als Antwort auf steigende Komplexität

Die Ausbreitung der Supervision in beinahe alle gesellschaftliche Felder kann als Folge eines gesamtgesellschaftlichen Prozesses gesehen werden, der unter dem Titel der Zunahme von Komplexität vielfach beschrieben ist (z. B. Luhmann 1984, 1986; Fisch u. Boos 1990). Zu nennen sind in diesem Zusammenhang etwa folgende Momente, die einander in ihrer Dynamik verstärken:

- Relative Autonomie einzelner gesellschaftlicher Bereiche, der Systeme innerhalb dieser Bereiche und der Subsysteme innerhalb dieser Systeme. Also insgesamt eine Zunahme an Differenzierung bei gleichzeitigem Anwachsen der Interdependenzen und Vernetzungen.
- In der Folge eine rasante Vermehrung von Wissen und eine beschleunigte Entwicklung neuer Methoden und Techniken, neuer Produkte, Dienstleistungen und entsprechender Berufe.
- Damit verbunden findet sich eine Vervielfältigung, Beschleunigung und Unsteuerbarkeit der Prozesse.
- Die Bedeutung von Organisationen nimmt ebenso zu wie ihre Zahl. Immer früher greifen sie prägend in unser Leben ein, und für so gut wie jedes Berufsleben werden sie immer bestimmender. Kaum eine anspruchsvollere berufliche Tätigkeit läßt sich heute ohne vielfältige organisatorische Vernetzungen durchführen.
- Gerade wegen des Ausmaßes der zu bewältigenden Komplexität verlieren traditionelle organisatorische Funktionsweisen ihre Brauchbarkeit. Die Organisationen geraten in ungewohnte Bewegung und entfalten eine nicht mehr berechenbare Dynamik. Als vorgegebenes Set von Strukturen und Prozessen können sie keine ausreichende Handlungssicherheit mehr vermitteln. Sie lösen sich als solches Set daher auf und werden zunehmend zur reflexiv zu gestaltenden Aufgabe (siehe 1.4.4).

- Aber auch die einzelnen Prozesse, die in den Organisationen bislang außer Streit gestellt waren, verlangen in höherem Ausmaß als bisher nach autonomer Steuerung und situativer Gestaltung. Denn traditionelle Institutionen büßen in der Arbeit ihren Sinn ein (wie sonst auch). In stabilen gesellschaftlichen Verhältnissen dienten sie der Entlastung der Handelnden ebenso wie der Aufrechterhaltung einer festgefügten Ordnung. Sie entzogen die ihnen unterworfenen Prozesse dem Zugriff der Beteiligten, indem sie deren Ablauf normiert und quasi automatisiert hatten.

  Nun werden sie zum Hindernis, weil sie eine den wechselnden Situationen angemessene Variation der Abläufe nicht mehr ausreichend zulassen. Daher weichen sie langsam auf. Sie bleiben zunächst zwar in Geltung, bestimmen aber nicht mehr die wirklichen Prozesse. Unter entsprechendem Widerstand lösen sie sich nach und nach ganz auf. Es entsteht Raum für flexiblere Ablaufformen.

Das hat tiefgehende Auswirkungen auf viele Formen beruflicher Arbeit. Was bislang durch Normierung außer Streit gestellt und daher dem Zugriff, aber auch der Aufmerksamkeit der handelnden Personen entzogen (eben institutionalisiert) war, wird nun zur besonderen Aufgabe. Sie stellt hohe und ungewohnte Anforderungen an die Berufstätigen, deren wichtigste angeführt seien:

- Mit jedem Schritt der Entinstitutionalisierung breitet sich auch hier der Wechsel von der Wahrheit zur Entscheidung aus (siehe 2.4). Konnte sich das berufliche Handeln bisher an einer vorgegebenen Wahrheit orientieren, mit der es übereinzustimmen galt, so ist nun eine kontingente, autonome Entscheidung aufgrund genauer Information, Abwägung von Alternativen und möglichen Folgen relativ unabgesichert zu treffen. Das setzt ein hohes Ausmaß an Reflexion auf den verschiedenen Ebenen voraus.
- Auf hierarchische Arbeitsbeziehungen ist kein ausreichender Verlaß mehr. Die Arbeitsbeziehungen müssen relativ autonom gestaltet werden. Das geschiet entlang den funktionalen Erfordernissen. Da sich auch diese in Bewegung befinden, müssen die Arbeitsbeziehungen ebenso rasch, wie sie zustande kom-

men, wieder aufgelöst werden können. Dazu bedarf es hoher kommunikativer Kompetenz. Alternativen wie Teamarbeit und Projektmanagement müssen beherrscht werden (siehe 1.4.2). Die zur Bewältigung der Arbeit nötig gewordene Reflexivität nimmt auch diesbezüglich zu.

- Man muß über eine funktionale Sicht von Konflikten verfügen. Denn man merkt bald, daß die Widersprüche innerhalb der Organisation verschärft werden, wenn man versucht, dem soeben Gesagten gerecht zu werden:
  - Die reflexive Gestaltung der Arbeitsbeziehungen widerspricht dem primär resultatorientierten Leistungsdruck.
  - Team widerspricht der Hierarchie.
  - Die nach wie vor geforderte Abhängigkeit widerspricht der nun nötigen Autonomie.
  - Die sich differenzierenden Arbeitsrollen widersprechen einander in ein und derselben Person usw.
- Auf allen diesen Ebenen wird die reflexive Steuerung von sozialen Prozessen in den Organisationen zu einer Aufgabe, die neben einer allfälligen primären beruflichen Zielsetzung immer mehr Raum greift. Die Steuerung der Prozesse ist auch unter diesem neuen organisatorischen Schwerpunkt zu einer eigenen, komplexen beruflichen Aufgabe geworden. Sie ist längst nicht mehr beschränkt auf eigens dazu abgestellte Führungskräfte.
- All das verlangt eine hohe Ausprägung der Fähigkeit, in der jeweiligen Situation beruflich tätig und gleichzeitig in der Lage zu sein, die Situation, in der man sich befindet und tätig ist, zu reflektieren und so zu steuern, daß man weiter in ihr tätig sein kann.

Die Professionalisierung der Supervision findet analog den einzelnen Schritten der Entinstitutionalisierung statt. Supervision erscheint in diesem Licht als der professionelle Niederschlag von Anforderungen, die durch die gesellschaftliche Entwicklung im Berufsleben entstanden sind. Der laufenden Differenzierung dieser Anforderungen antwortet sie durch ihre interne Differenzierung:

Der Krise hierarchischer Arbeitsbeziehungen und der Einführung der Teamarbeit entspricht die Differenzierung der Supervision als Einzel- und Teamsupervision. Die Vertiefung organisatorischer

Widersprüche und die Veränderungsdynamik der Organisationen führen zur Entwicklung von Supervision in Organisationen.

Die Vielfalt von Supervisionsausbildungen trägt dieser Entwicklung Rechnung. Es gibt jede Menge von Ausbildungsgängen, angeboten von den Institutionen der verschiedenen Berufsfelder. Etwa vom Berufsverband der Psychologen, von Erwachsenenbildungsinstituten, Beratungsfirmen etc. Die interne Differenzierung kommt auch in der gelegentlich schon auftauchenden Differenzierung von supervisorischer Basis- und Zusatzqualifikation zum Ausdruck, die auf den Beginn einer formalisierten Spezialisierung innerhalb der Supervision hindeutet. So stellte ein Hochschullehrgang unter dem Titel „Supervision in Organisationen" (Großmann u. Scala 1997) eine Fortbildung dar, die als Zulassungsbedingung eine anerkannte Supervisionsausbildung verlangt hatte.

All das spricht für die Eigenständigkeit der Supervision. In je mehr und in je unterschiedlicheren Berufen sich die Supervision etabliert – sei es als Teil der beruflichen Ausbildung, sei es als berufsbegleitende Beratung zur Lösung auftretender Probleme, zur Vertiefung des Verständnisses der eigenen Berufsrolle, sei es auch zum Erwerb der im Beruf nötigen und in ihn integrierten reflexiven Kompetenz usw. –, um so fragloser kann sie als eigene Beratungsform gelten.

Je mehr innere Differenzierungen sie zustande bringt, die es gestatten, supervisionsintern zwischen Basisqualifikation und Spezialfach zu unterscheiden, desto eher scheint ihr der Charakter eines eigenen Berufes zuzukommen.

Die in den letzten Jahren entscheidende Differenzierung stellte der Supervisionsschwerpunkt Organisation dar. Die Nachfrage nach Supervision in Organisationen hat ihr nicht nur ein nahezu unbegrenztes Einsatzgebiet beschert. Sie hat der Supervision auch den bisher radikalsten Schritt in der Geschichte ihrer Professionalisierung abverlangt. Für unseren Argumentationszusammenhang ist von noch größerer Bedeutung, daß der Supervision mit dieser Weiterentwicklung etwas Unvorhergesehenes zustößt, dem bis heute nicht ausreichend Rechnung getragen wurde:

Supervision in Organisationen führt zu einer weiteren Emanzipation dieser Beratungsform aus ihrem Herkunftsgebiet. Das bedeutet einen Zuwachs an Autonomie und Eigenständigkeit in bezug auf Einsatzfeld und Methode. Gleichzeitig erleidet sie, was den neuralgischen Punkt ihrer Ei-

genständigkeit als Beratungsform betrifft, eine empfindliche Einbuße an Autonomie. Denn sie muß nun ihren Gegenstand, die berufliche Arbeit, mit einer anderen, umfassenderen professionellen Beratungsform, mit der Organisationsberatung teilen.

Gerade mit derjenigen Weiterentwicklung also, die ihr den größten Bewegungsspielraum bringt, scheint sie ihren Anspruch, ein eigener Beruf zu werden, am nachhaltigsten einzubüßen.

Diese Entwicklung ist einschneidend. Wir zögern, ihr direkt ins Gesicht zu sehen. Wir wollen sie einkreisen und stellen deshalb noch einmal Überlegungen zur Bedeutung des Gegenstandes für die Eigenständigkeit der Supervision an – allerdings mit etwas anderen Argumenten als bisher. Dennoch bitten wir um Nachsicht, denn wir ahnen bei den Leserinnen und Lesern leichten Überdruß an dieser Problematik.

3.4.2 Personen- und Interaktionsorientierung in der Supervision

Traditionell war es Aufgabe der Supervision, dem Anteil von Person und Interaktion in der beruflichen Arbeit methodisch Rechnung zu tragen. Was die Eigendynamik der Person betrifft, konnte sich die Supervision der Methoden bedienen, die in den personenorientierten Schulen der Beratung und Therapie entwickelt worden waren. Was die Eigendynamik von Interaktion und Gruppe betrifft, stand ihr das Methodenrepertoire aus den kommunikationstheoretisch fundierten Schulen und aus der Gruppendynamik zur Verfügung. Der Fokus, unter dem sie diese Methoden zum Einsatz brachte, also die Reflexion beruflicher Arbeit, rechtfertigte ihren Status als eigenständige professionelle Tätigkeit.

Zwar haben wir schon mehrfach angedeutet, daß Supervision als professionelle Zusatzqualifikation der jeweiligen Schulen oder Methoden der Beratung denkbar sei. Aber abgesehen davon, daß dann keine Möglichkeit mehr bestünde, Supervision als eigenständigen Beruf zu qualifizieren, käme man ins Dilemma der Frage, welche der Methoden denn die qualifizierende Voraussetzung darstellen sollte. Soll es eine der personenorientierten Schulen sein, eine der interaktionsorientierten oder eine der gruppendynamischen?

Wäre es nicht zuviel verlangt, alles zu wollen? Wäre dann Supervision nicht so etwas wie eine kaum zu realisierende Superqualifikation? Entscheidet man sich hingegen für ein Entweder-Oder, so gelangt man zu Spezialisierungen innerhalb der Supervision und zu einem jeweils limitierten Einsatz. Ein Supervisor, der im Rahmen gruppendynamischer Zusatzausbildung sein Diplom erworben hätte, wäre dann nicht ausreichend qualifiziert, Einzelsupervision zu geben, ein psychoanalytisch ausgebildeter Supervisor dürfte nicht als Teamsupervisor arbeiten.

Solche Fragestellungen können vermieden werden, wenn man Supervision, wie wir es getan haben, vom Gegenstand und nicht von den Methoden her definiert. Dies hat allerdings andere Konsequenzen, die uns in ein neues Dilemma führen. Soll die Sache der Supervision nicht Schaden nehmen, so muß ein Ausweg aus diesem Dilemma gefunden werden:

Steht der Gegenstand im Vordergrund und nicht die Methoden, dann ist es naheliegend, von der Forderung nach einer fundierten Ausbildung in einer oder gar in beiden der genannten Methoden ein wenig abzurücken. Man mag sich mit einer bedingten Kenntnis sowohl von personenorientierten als auch von interaktionsorientierten und gruppendynamischen Methoden zufriedengeben. Der Fokus auf berufliche Arbeit wird als derart eigenständig angesehen, daß man meinen könnte, es reicht, jene Methoden nur „oberflächlich" zu kennen. Aber trägt man, wenn man das tut, nicht dazu bei, Supervision als ein zweitklassiges Instrument zu plazieren? Ein Instrument, das es gestattet, ohne fundierte Ausbildung ein bißchen Therapie oder ein bißchen Gruppendynamik rund um die berufliche Arbeit des Supervisanden zu betreiben?

Weder die Ausrichtung auf die Methoden noch die Ausrichtung auf den Gegenstand scheint also zufriedenstellend. Die Ausrichtung auf die Methoden schränkt den Einsatzbereich der Supervision ein. Die Ausrichtung auf den Gegenstand entwertet sie als qualifizierte Beratungsform. Wie kann man diesem Dilemma entkommen?

Sehen wir uns die Supervisionsausbildungen an, die seit jeher dieses Dilemma gespiegelt haben. Sie haben es einerseits im Sinne der Schulzugehörigkeit zu lösen versucht. Supervision ist dann zu einer Zusatzqualifikationen der einschlägigen Schulen geworden. Diese suchten der Gefahr der limitierten Einsatzmöglichkeit durch Einführungen in das jeweils komplementäre Methodenrepertoire zu begegnen. (Also: Die personenorientierten Schulen gaben in ihrer supervisorischen Zusatzausbildung Einblick in die interaktionsorientierten bzw. gruppendynamischen Methoden und umgekehrt.)

Andererseits hat man in den eigenständigen, nicht schul- und methodengebundenen, sondern an der Besonderheit des Gegenstandes orientierten Supervisionsausbildungen der Gefahr der Oberflächlichkeit durch entsprechende Zulassungsbedingungen zu begegnen versucht: Meist wird neben dem Nachweis einer mehrjährigen einschlägigen Praxis eine Ausbildung in einer der Methoden der Therapie oder Beratung verlangt. Eine Supervisionsausbildung, in der diese Bedingungen erfüllt sind, wird am ehesten der Eigenständigkeit der Supervision gerecht werden. Am besten kann das ein schulunabhängiges Post-graduate-Studium gewährleisten.

(Aber läuft eine Regelung wie die zuletzt genannte nicht doch wieder auf eine Zusatzqualifikation hinaus? Ist es nicht bloß eine etwas verdeckte Zusatzqualifikation – mit mehr Freiheit, selbst zu entscheiden, welches die Basisqualifikation darstellt, die man mitzubringen hat?)

3.4.3 Organisationsorientierung in der Supervision: Berufliche Arbeit als Gegenstand der Supervision *und* der Organisationsberatung

Mit ihrer jüngeren Entwicklung verschärft sich das Dilemma zwischen methodisch wohlfundierter, beschränkter Einsetzbarkeit und oberflächlicher All-Einsatzbereitschaft der Supervision.

Es sieht so aus, als wäre Organisationssupervision ein Produkt der internen Ausdifferenzierung des Faches Supervision, als sei sie eine spezielle Form der Supervision, die zu den anderen Formen der Supervision hinzukommt. Neben Einzel-, Gruppen-, Fall- und Teamsupervision nun auch Organisationssupervision.

Wie schon deutlich wurde, findet aber die meiste berufliche Arbeit heute wenn nicht direkt in Organisationen, so doch in Assoziation mit ihnen statt. Die Tendenz in diese Richtung steigt ständig. Deshalb hat fast alle Supervision, wo sie nicht direkt Supervision in Organisationen ist, mit irgendwelchen organisatorischen Rahmenbedingungen zu tun, die für die supervidierte Arbeit von mehr oder weniger großer Bedeutung sind.

Die Fähigkeit, organisatorische Sachverhalte in der Arbeit zu entdecken und ihren Niederschlag in psychischen oder in Interaktionsphänomenen wahrzunehmen, gehört heute zur professionellen Grundausstattung in der Supervision. Das bedeutet, daß fundiertes Know-how in Theorie und Methoden der Organisationsberatung eine allgemeine Voraussetzung supervisorischen Handelns darstellen sollte. Ihre Vermittlung gehört in jede Supervisionsausbildung.

Es sei daran erinnert, daß in der Supervision immer schon eine Ahnung dieses Sachverhalts vorhanden war. Als die Organisation gerade begonnen hatte, ein Gegenstand wissenschaftlicher Reflexion bzw. methodisch fundierter praktischer Bemühungen um ihre Gestaltung und Entwicklung zu sein, hatte die Supervision bereits auf die Bedeutung des „institutionellen Faktors" für ihre Arbeit hingewiesen und die Aufmerksamkeit dafür eingefordert. Wir haben eingangs von der unvermeidlichen Hilflosigkeit dieser Hinweise gesprochen (siehe 1.1).

Nun aber, da die Supervision aufgrund der Entwicklung der Methoden der Organisationsberatung ihrer neuen Aufgabe in Organisationen gerecht werden kann, begegnet ihr eine neue Problematik.

Zwar kann sie mit einiger Verzögerung beginnen, ihre Forderung nach Bearbeitung des „institutionellen Faktors" theoretisch zu differenzieren und methodisch angemessen einzulösen. Dafür ist unterderhand etwas mit ihrem Gegenstand geschehen, was seinen Niederschlag in der professionellen Szene bisher nur in Form kompensatorischer Reaktionen gefunden hat. Theoretische Reflexion und offene Diskussion dazu stehen noch aus.

Gegenüber der Psychotherapie, der Gruppendynamik und anderen Formen der Selbsterfahrung hat ihr Gegenstand ausgereicht, um die Supervision als professionelle Tätigkeit zu unterscheiden (wenn auch nicht, um die Frage eindeutig zu klären, ob sie einen eigenen Beruf darstellt). Denn die genannten Methoden der Selbsterfahrung hatten seelische Prozesse, menschliches Verhalten, menschliche Interaktion, die Dynamik von Gruppenprozessen usw. zum Gegenstand – aber nicht berufliche Arbeit, wie die Supervision.

In ihrem neuen Anwendungsgebiet gerät die Supervision mit ihrer bewährten Abgrenzung nun in Schwierigkeiten. Denn auch die Organisationsberatung hat es mit beruflicher Arbeit zu tun.

Zwar steht die Reflexion der beruflichen Arbeit der Mitarbeiter und Mitarbeiterinnen einer Organisation nicht oder zumindest nicht immer im Vordergrund der Organisationsberatung. Es geht ihr primär um die Angemessenheit organisatorischer Prozesse und Strukturen für die Bewältigung der Aufgaben, die zu lösen Ziel und Zweck der Organisation ist. Es geht darum, die Organisation in die

Lage zu versetzen, die nötigen Anpassungs-, Veränderungs-, Entwicklungs- und Lernschritte zu tun.

Es geht in der Organisationsberatung also vorwiegend um die organisatorische Verankerung derjenigen Aktivitäten, die helfen sollen, diese Ziele zu realisieren. Aber diese organisatorische Verankerung ist nicht ohne die Verankerung in den Personen und deren Interaktion möglich. Sie läuft nicht so sehr über die Reflexion seelischer Prozesse, sondern über die Reflexion beruflicher Arbeit.

Zumindest die *prozeßorientierte Organisationsberatung*, von der hier die Rede ist, legt der Reflexion beruflicher Arbeit einen Stellenwert bei. Dadurch unterscheidet sie sich von anderen Formen der Organisationsberatung, die systematisch mit einer strukturellen Differenz von Organisationsdiagnose und praktischer Veränderungsmaßnahme arbeiten. Das sieht etwa so aus: Man erhebt den organisatorischen Ist-Zustand und errechnet die Differenz zum Soll-Zustand. Dann entwirft man am grünen Tisch ein Bild der angestrebten Organisation, benennt bestenfalls noch die Schritte, die dazu nötig sind, diese Differenz zu beseitigen, überläßt es aber dann der Organisation, sie zu tun oder nicht. Organisationsberatung dieser Art braucht über keine interventionspraktische Kompetenz zur Reflexion organisatorischer Prozesse und beruflicher Arbeit zu verfügen. Sie leidet allerdings unter dem traditionellen Dilemma des Transfers, also der Umsetzung der geplanten organisationsverändernden Maßnahmen.

Eine prozeßorientierte Form der Organisationsberatung gerät in dieses Dilemma deshalb nicht, weil sie von Anfang an auf allen nötigen Ebenen reflexive Prozesse einleitet, die eine Veränderung und Entwicklung ermöglichen. In einem gemeinsam mit dem Klienten angestellten Prozeß organisatorischer Selbstreflexion vereinbart sie einzelne, miteinander selbst reflexiv verbundene Schritte. Diese werden in teils schon vorhandenen, teils zum Zwecke der Beratung erst hergestellten organisatorischen Subsystemen, teils mit einzelnen Entscheidungsträgern unter laufender Rückkopplung und Vernetzung durchgeführt.

Zu solchen Schritten gehört der Einsatz verschiedener Instrumente und Methoden der Organisationsberatung wie Klausuren, Strategiesitzungen, Teambildung-Workshops, Fortbildungsveranstaltungen und ähnliches. Unter anderem auch begleitende Selbstreflexion der beruflichen Arbeit von Teams, von Gruppen und von einzelnen Entscheidungsträgern. Supervision stellt ein wichtiges Instrument im Repertoire der Organisationsberatung dar.

3.4.4 Zum Unterschied zwischen Organisationsberatung und Supervision in Organisationen

Die Verbindung von Supervision in Organisationen und Organisationsberatung ist in den bisherigen Überlegungen unter drei Gesichtspunkten zur Sprache gekommen, die wir kurz zusammenfassen: Es ging um die Methode der Supervision, um ihren Gegenstand und um die Supervision als ein professionelles Instrument im Rahmen der Organisationsberatung.

- Die Dimension der Organisation wurde als „institutioneller Faktor" schon sehr früh in der Supervision benannt. *Methodisch* konnte die Supervision ihr aber erst mit der Entwicklung der Organisationsberatung gerecht werden. Heute ist die Berücksichtigung der Eigendynamik organisatorischer Prozesse dabei, ein integraler Bestandteil der Supervision zu werden – neben der Eigendynamik der Person und der Eigendynamik der Interaktion.
- Mit der Organisationsberatung hat die Supervision die *Exklusivität ihres Gegenstandes* verloren. Was den ganzen Gegenstand der Supervision ausmacht, ist zu einem Teil auch der Gegenstand der Organisationsberatung. Diese ist die umfassendere Beratungsform.
- Supervision in Organisationen bedarf als eigenständige Beratungsform der Abgrenzung von anderen Methoden der *Organisationsberatung* und der Koordination mit ihnen.

Damit ist die Abgrenzung der Supervision von der Organisationsberatung zu einer aktuellen Frage geworden. Besonders heikel ist dabei die Frage des Gegenstandes, da er bisher als das dominante Kriterium der Eigenständigkeit der Supervision und als Grundlage für ihren Anspruch, ein eigener Beruf zu sein, mit mehr oder weniger Erfolg gehandelt wurde.

Diese neue Schwierigkeit der Abgrenzung der Supervision von der Organisationsberatung wurde innerhalb der Supervision registriert. Sie scheint für die Bestrebungen, Supervision als eigenen Beruf zu etablieren, so bedrohlich zu sein, daß zwar Antworten auf sie versucht werden, aber eigenartigerweise, ohne daß die Frage klar gestellt wird. Warum ist das so? Kann es sein, daß das deshalb geschieht, weil die klar gestellte Frage sich mit dem dominanten Abgrenzungskriterium, dem Gegenstand der Supervision, befassen müßte und somit das Dahinschwinden seiner supervisorischen Exklusivität bewußt registriert werden müßte? Was also tun, wenn man mehr fühlt, als ausspricht, daß der bisherige Garant der Eigenständigkeit der beruflichen Tätigkeit in Gefahr ist, und wenn die Idee, neue Konzepte interdependenter beruflicher Eigenständigkeit zu entwickeln, noch nicht naheliegt?

Man tritt zur Rettung des bedrohten Kindes an, das man aus Sicherheitsgründen während der Rettungsaktion vor dem Feind versteckt hält. Man höre sich dazu die Tonlage der Titel jener Arbeiten an, die sich mit dem Problem des Verhältnisses von Supervision und Organisationsberatung befassen. So ist etwa von „Des Supervisors Gang in die Organisation" (Weigand 1985) die Rede. Das klingt ein wenig so, als würde – der Autor verzeihe mir den Eindruck – der *lonely cowboy* das leidende Dorf von den bösen Schurken befreien. Aber wie sieht dieser Gang aus? Er kann als Grenzgang erlebt werden: „Teamsupervision: Ein Grenzgang zwischen Supervision und Organisationsberatung" (Weigand 1994). Damit wird zwar ein Unterschied gesetzt, aber doch anerkannt, daß er leicht verlorengehen kann.

Gelegentlich spricht man von einer Entwicklung, welche die Supervision entweder in Richtung Organisationsberatung treibt oder sie selbst zur Organisationsberatung macht. Was von beidem, das bleibt dabei noch offen: „Supervision. Von der Praxisberatung zur Organisationsentwicklung" (Belardi 1992).

Schließlich kann der Rettungsversuch so weit gehen, daß man sich selbst an die Stelle der vertriebenen Schurken setzt. Supervision wird dann zur Organisationsberatung: „Supervision als Organisationsberatung" (*Supervision* 7/1985). Oder: „Teamsupervision als Organisationsentwicklung" (Fatzer 1990).

Interessant ist, daß diese ausgewählten Titel einerseits einen erhöhten Legitimationsbedarf für die *Unterscheidung* von Supervision und Organisationsberatung zu orten scheinen, daß sie andererseits überhaupt deren *Gleichsetzung* (allerdings unter der Dominanz der Supervision) suggerieren.

Was sagt es aus, wenn Supervision und Organisationsberatung einmal unterschieden, dann wieder gleichgesetzt werden und wenn

Unterscheidung beider und Gleichsetzung beider einander rasch abwechseln? Doch wohl, daß eine bleibende Unsicherheit in bezug auf beides zugrunde liegt, eine Unsicherheit, die nur schwer zu beheben ist, solange ihr zentraler Punkt – der traditionelle Gegenstand der Supervision, also berufliche Arbeit – nicht zur Sprache kommt.

Es überrascht daher nicht, wenn in keiner der hier zu nennenden Arbeiten überzeugende Argumente zu finden sind, weder für eine Abgrenzung der Supervision von der Organisationsberatung noch auch für deren Gleichsetzung.

Doch sehen wir uns die Argumente an, die entweder für die Differenz oder für die Identität von Supervision und Organisationsberatung vorgebracht werden. Ich werde mich dabei nicht ausschließlich am Leitfaden der vorhin zitierten Titel, sondern auch an den Argumenten orientieren, die mir in Diskussionen um dieses Thema begegnen. Sie lassen sich unter drei Gesichtspunkten zusammenfassen:

1. Man anerkennt unausgesprochen, daß auch die Organisationsberatung mit beruflicher Arbeit zu tun hat, gibt aber die gegenstandsbezogene Eigenständigkeit der Supervision nicht auf. Man verschiebt vielmehr das ausschlaggebende Kriterium des Unterschieds zwischen Supervision und Organisationsberatung: Nicht mehr der ganze Gegenstand macht den Unterschied aus, sondern nur mehr ein besonderer Aspekt dieses nun gemeinsamen Gegenstandes ist dafür verantwortlich, daß Supervision eine von der Organisationsberatung verschiedene Beratungsform darstellt und über ein Anrecht auf Eigenständigkeit verfügt. Man behauptet dann etwa, daß die Organisationsberatung sich der beruflichen Arbeit unter dem Aspekt ihrer *Funktionalität* zuwende, während die Supervision die berufliche Arbeit unter dem Aspekt der *Humanisierung der Arbeitswelt* reflektiere. Durch diesen Unterschied im Aspekt wird der gemeinsame doch wieder zu einem verschiedenen Gegenstand. Da dieser Versuch aber nicht wirklich überzeugt, bedarf er der Ergänzung durch weitere Versuche, die Supervision vor der Organisationsberatung zu retten.
2. Man gibt das bisherige Unterscheidungskriterium auf und wendet sich einem anderen zu. So wird z. B. behauptet, Supervision und Organisationsberatung unterscheiden sich nicht so sehr

durch ihren Gegenstand als vielmehr durch das *Ziel* ihrer Arbeit (Edding 1985; Buchinger 1992). Aber auch diese Argumentationen sind, wie sich gleich zeigen wird, fragwürdig. Es bedarf daher weiterer Versuche, die Autonomie der Supervision zu retten.

3. Wenn man sieht, daß es mit den Unterscheidungsversuchen nicht so recht klappt, dann ist es am besten, sich nicht weiter mit Rationalisierungen der akuten Bedrohung aufzuhalten, sondern gleich den Stier bei den Hörnern zu packen und die Bedrohung umzudrehen. Man behauptet dann einfach, daß die *Organisationsberatung ein Instrument der Supervision* sei; oder, besser noch, daß die *Supervision selbst die Organisationsberatung* sei (Weigand 1994, 1997).

Der Unterschied soll doch im Gegenstand liegen: Funktionalisierung versus Humanisierung der Arbeitswelt

Der Versuch, die Unterscheidung daran festzumachen, daß es der Organisationsberatung um organisatorische Prozesse und Strukturen, der Supervision aber um die berufliche Arbeit von Menschen gehe, ist von der primären Ausrichtung der beiden Beratungsformen her naheliegend. Um seine Problematik herauszuarbeiten, sei er noch einmal in verschärfter Form vorgebracht, wie er häufig von Vertretern personenorientierter Methoden gegenüber der systemischen Beratung formuliert wird.

Die systemische Beratung, so lautet etwa der emotionale Gehalt der Argumentation, mache in erschreckender Weise ernst mit der Auffassung, daß Organisationen funktionsorientierte Systeme darstellen, in denen die Menschen austauschbar seien und die effiziente Aufgabenerfüllung im Vordergrund stehe. Damit entspreche die systemische Beratung einer gesamtgesellschaftlichen Tendenz der kalten Orientierung an menschenverachtender ökonomischer Funktionalität. Dem gegenüber gehe es der Supervision, auch der Organisationssupervision, um die menschliche Dimension in der beruflichen Arbeit.

Argumente dieser Art werden weder der Organisationsberatung allgemein noch ihrer systemischen Richtung im besonderen gerecht. Darüber hinaus bieten sie eine verkürzte Sicht der Organisationssupervision. Sie übersehen eine zentrale Kategorie systemischen Denkens, angesichts deren die kritisierte Personenunabhängigkeit der Organisation in einem anderen Licht erscheint. Ich meine die *systemische Auffassung des Verhältnisses von System und Umwelt.*

Diese besagt, daß Systeme nur im Austausch mit ihren relevanten Umwelten überlebensfähig sind. Systeme sind mit sich selbst identisch nur in Relation zu dem, was sie nicht sind. Sie gefährden sich selbst, wenn sie sich von ihren relevanten Umwelten abkoppeln oder wenn die Art der Kopplung zur gravierenden Beeinträchtigung oder Zerstörung dieser Umwelt führt. Die Ankopplung so zu gestalten, daß der Austausch für das System befriedigend bleibt, ist eine der heiklen und anspruchsvollen Aufgaben, die im System immer wieder vorgenommen werden muß. Sie wird auf Dauer nur gelingen, wenn der Austausch auch für die jeweilige relevante Umwelt befriedigend ist.

Erst wenn die Differenz von Organisation und Mensch in dieser Weise gefaßt und der Mensch als relevante Umwelt der Organisation gesehen wird, sind der Tendenz, die Menschen der funktionalen Logik der Organisationen zu unterwerfen, Grenzen gesetzt. Mehr noch, erst dann kann und muß die Organisation aus ihrer funktionalen Logik heraus der andersgearteten Logik ihrer relevanten Umwelt Mensch angemessen Tribut zollen: Die Organisation muß sensibel reagieren, wenn sie wahrnimmt, daß sie mit ihrer Logik die Umwelt, auf die sie angewiesen ist, derart beeinträchtigt, daß der nötige Austausch mit dieser Umwelt, von dem ihr Überleben als Organisation abhängt, gefährdet ist. Daß sie die nötige Sensibiltät entfaltet, ist paradoxerweise um so besser abgesichert, je mehr es aus ihrer internen, funktionalen Eigenlogik und nicht aus einer ihr fremden Logik, genannt Menschlichkeit, geschieht.

Was aber, wenn die Unterscheidung von Organisation und menschlicher Umwelt organisationsintern nicht getroffen wird – wenn man so tut, als wären Menschen Teil der Organisation und als bestünde kein Widerspruch zwischen funktionalen und personenorientierten Sachverhalten; oder wenn man gar vorgibt, die Organisation diene den Menschen, die in ihr arbeiten?

Meist führt dieser Schwindel dazu, daß der Widerspruch besonders klar zutage tritt; mehr noch, daß er deshalb in destruktiver Weise sichtbar wird, weil er nicht mehr als Widerspruch vermittelt werden kann. Denn wenn der Widerspruch von Organisation und Mensch, wie sehr auch immer im Dienste des Menschen, geleugnet wird, dann kann es nicht ausbleiben, daß diese Verleugnung, ganz im Gegenteil, im Dienste der Funktionalität praktisch wirksam wird (Buchinger 1998b). Bei gefordeter Widerspruchsfreiheit zwischen Mensch und Organisation innerhalb der Organisation kann es nur die funktionale Logik der Organisation sein, die (übrigens sehr zu ihrem eigenen Schaden) keinen Widerspruch duldet. Das ist etwa dann der Fall, wenn es der Organisation nicht gelingt, ein Minimum an personenorientierten Bedürfnissen anzuerkennen, weil sie der funktionalen Logik der Organisation im Weg sind. Somit setzt Unmenschlichkeit ein. Da die Mitarbeiter und Mitarbeiterinnen dann nicht mehr „optimal funktionieren", schadet die Organisation mit dieser Stringenz sich selbst.

Organisationen werden also dann sehr sensibel mit der Arbeitsfähigkeit und Zufriedenheit von Mitarbeitern umgehen, wenn sie es sich gestatten können, ihre organisationsinterne Logik als verschieden von der ihrer menschlichen Umwelt zu registrieren. Sie werden dies um so mehr tun, je umfassender sie auf die uneingeschränkte Arbeitsfähigkeit ihrer Mitarbeiter angewiesen sind. Dies ist aus Gründen der oben angedeuteten Entwicklung, die auch die Organisationslandschaft voll erfaßt hat (unser Stichwort dazu lautete: Entinstitutionalisierung), heute der Fall. Immer mehr und in immer höherem Ausmaß liegt die Gestaltung der Arbeitsprozesse und ihrer organisatorischen Rahmenbedingungen in den Händen der Mitarbeiter. Immer mehr hängt der Erfolg von deren Motivation und Fähigkeit ab, Verantwortung für das Organisieren von Arbeitsprozessen zu übernehmen.

Das verlangt neben vielem anderen auch die Entwicklung reflexiver Kompetenz. Ihre Verankerung in der Organisation wird wichtig, ist aber nur möglich über ihre Verankerung in den Mitarbeitern. Sie dient ihnen sowohl zur effizienten Durchführung ihrer Arbeit als auch zur Erhaltung ihrer Arbeitsfähigkeit und -zufriedenheit.

Für die Organisation wird die Selbstreflexion der beruflichen Arbeit der Mitarbeiter immer wichtiger, wird Supervision ein zentrales Instrument, sie zu entwickeln und zu erhalten. Dabei macht es keinen Unterschied, ob Supervision im Rahmen von Maßnahmen der Organisationsberatung oder, unabhängig davon, auf direkte Nachfrage an einen Supervisor gegeben wird: Entweder sie wird professionell durchgeführt oder nicht. Wesentlich dafür ist die entwickelte Kompetenz, auch organisatorischen Sachverhalten in ihrer Eigendynamik und in ihrer Auswirkung auf Person und Interaktion in der Supervision gerecht zu werden.

Die zugrundeliegende Ideologie scheint für die Professionalität der supervisorischen Arbeit von untergeordneter Bedeutung. Ob man sich der Funktionalität verpflichtet fühlt oder der Humanisierung der Arbeitswelt – in beiden Fällen gilt es, den Widerspruch zwischen Organisation und Person oder personenorientiertem System sichtbar und bewältigbar zu machen, nicht ihn aufzulösen. Sogar wenn man sich als Supervisor die Humanisierung der Arbeitswelt auf die Fahnen geschrieben hat, wird man ihr mehr schaden als dienen, wenn man der (personenunabhängigen) Funktionalität der Organisation in seiner Arbeit nicht gerecht wird.

Als Unterscheidungsmerkmal zur Rettung der Exklusivität des Gegenstandes der Supervision taugt diese Differenz nicht. Aber sie weist in eine Richtung, in die man, ohne mehr vom Gegenstand zu sprechen, den nächsten Versuch zur Abgrenzung von Supervision und Organisationsberatung unternehmen kann.

Die Zielsetzung als Unterscheidungsmerkmal in bezug auf Supervision und Organisationsberatung

Wenn Methode und Gegenstand als Unterscheidungskriterium wegfallen, kann man versuchen, den Unterschied im *Ziel* zu sehen. Man kann etwa folgendes behaupten.

Der Supervision geht es um Erweiterung der beruflichen Kompetenz der Mitarbeiter und Mitarbeiterinnen einer Organisation. Der Organisationsentwicklung geht es um die Selbsterneuerungskraft der Institution (Edding 1985; Institution und Organisation werden hier nicht unterschieden).

Allerdings führt diese Argumentation Eddings eher zu einer Integration der Supervision in die Organisationsentwicklung. Es sieht bei ihr so aus, als würde die Organisationsentwicklung gegenüber der Supervision die umfassendere Beratungsform darstellen. Innerhalb der Organisationsentwicklung hätte die Supervision eine Teilaufgabe, die sie, ohne ihre Ziele verleugnen zu müssen, fachgerecht durchführen kann. Dabei dient sie – gerade unter Verfolgung ihrer spezifischen Ziele – den Zielen der Organisation. Denn es wird nicht abgestritten, daß ein Teil der Selbsterneuerungskraft der Institution durch Erweiterung der beruflichen Kompetenz der Mitarbeiter gesichert werden kann.

Man kann die Zieldifferenz zwischen Supervision und Organisationsberatung auch anders zu fassen versuchen. Man kann behaupten, Organisationsberatung diene der Unterstützung von Veränderungsprozessen mittels organisatorischer Selbstreflexion, Supervision hingegen diene der Verankerung dieser organisatorischen Selbstreflexion in der Organisation (Buchinger 1992).

Nun mag die Verankerung organisatorischer Selbstreflexion Ziel der Supervision sein. Damit ist aber nicht gesagt, daß Organisationsberatung nicht auch zu diesem Ergebnis führt, ohne es zum expliziten Ziel haben zu müssen. Außerdem stellt die Verankerung organisatorischer Selbstreflexion in der Organisation heute eine der wichtigeren Aufgaben in der Veränderung von Organisationen dar.

Die Unterscheidung der Ziele von Supervision und Organisationsberatung bleibt also in beiden Beispielen praktisch irrelevant: Es sei denn, sie bringt wiederum ungewollt zum Ausdruck, daß Organisationsberatung eine umfassendere Zielsetzung als die Supervision verfolgt, daß ihr wichtiges Nebenprodukt das ist, was in der Supervision ausdrücklich angestrebt wird. Oder man anerkennt gleich, daß Supervision zwar ein Instrument der Organisationsberatung ist, das Umgekehrte jedoch nicht der Fall sein kann.

Es ist also in der bisherigen Argumentation nicht gelungen, die Unabhängigkeit der Supervision von der Organisationsberatung zu begründen. Dem Anspruch, daß die Supervision einen eigenen Beruf darstellt, konnte weder der Differenzierungsversuch über den Gegenstand noch jener über die Zielsetzung beider Beratungsformen genügen. Beidemal hat sich herausgestellt, daß die Organisationsberatung die umfassendere Beratungsform ist (was nicht unbedingt heißt, daß sie auch die übergeordnete ist). Daher wird ein nächster Versuch zur Behauptung der Autonomie der Supervision nicht mehr bei der Frage des Unterschieds, sondern am besten direkt bei der Frage nach der umfassenderen Beratungsform ansetzen. Unkritisch, aber traditionell betrachtet, kann das gleichgesetzt werden mit der Frage der Über-und Unterordnung der Beratungsformen.

Supervision ist Organisationsberatung oder: Organisationsberatung als Teil der Supervision

Methode, Gegenstand und Zielsetzung reichen nicht aus, um Supervision und Organisationsberatung zu unterscheiden. Wenn Supervision nicht als ein Instrument der Organisationsberatung konzipiert werden soll (obwohl dieser die umfassendere Aufgabenpalette,

Zielsetzung und Methodik zugestanden wird), dann bleibt noch eine Möglichkeit, das Verhältnis zugunsten der Supervision zu drehen: Man erklärt die Organisationsberatung zugehörig zur „Beratungsgattung" der Supervision (Weigand 1994, S. 112).

Einiges läßt sich dafür ins Feld führen: Die Supervision kann eine längere Professionalisierungsgeschichte vorweisen als die Organisationsberatung. Sie hat ihre Anwendungsbereiche im Laufe dieser Geschichte immer weiter ausbreiten können – vom einzelnen über Gruppen und Teams bis zu ihrem „Gang in die Organisation", den sie schon längst durch ihren frühen Hinweis auf den „institutionellen Faktor" vorbereitet hatte. Sie ist in Berufsverbänden organisiert, in denen hohe Qualtätsstandards für Ausbildung und professionelle Praxis gehütet werden.

Organisationsberatung wäre nach diesem Vorschlag eine, und zwar die bisher umfassendste Form der Supervision. Weigand deklariert sie zu einer *Methode* der Supervision (ebd., S. 131) – obwohl er früher überzeugend gemeint hatte, Supervision zeichne sich nicht durch eine eigene Methode, sondern nur durch ihren Gegenstand aus.

Eine kühne Wendung, nachdem er erstens aus Gründen der Professionalisierung und Identitätsgewinnung überhaupt für eine klare Unterscheidung von Supervision und Organisationsberatung plädiert hatte (Weigand 1990); nachdem er zweitens noch einige Jahre zuvor Teamsupervision als eine Arbeitsform der Organisationsberatung dargestellt und gemeint hatte, daß dem Organisationsberater zusätzliche Rollen abverlangt werden, die dem Supervisor nicht eigen sind.

Die Überordnung der Supervision über die Organisationsberatung verkehrt den Sachverhalt, der abgewehrt werden soll, in sein Gegenteil. So weit, so gut. Aber wie will man mit dieser Position etwa folgende Fragen beantworten:

- Wie soll es gelingen, die anderen, nicht unmittelbar supervisorischen Rollen, die der Organisationsberater auch nach Weigands Meinung einnehmen soll, als solche der Supervision zu deklarieren?
- Wie lassen sich die nichtsupervisorischen Methoden der Organisationsberatung, wie z. B. Strategieklausuren, Workshops, Fortbildungen etc. als „Methoden" der Supervision rechtfertigen?

- Wie kann eine komplexere Beratungsorganisation (als Träger komplexer Beratungsvorhaben) Teil des limitierten Settings der Supervision werden?
- Wie sieht es mit der Ausbildung aus? Wir wissen, daß die Supervision über kein eigenes Methodenrepertoire verfügt, sondern ihre Methoden dem in anderen Beratungsformen entwickelten Fundus entlehnt. In der Ausbildung würde sie von der ihr untergeordneten Form abhängig (wir kommen auf die Ausbildungsfrage zurück).

Nun weist Weigand zwar neuerdings wieder darauf hin, daß es „inhaltlich und methodisch keine Frage sei, daß das Interventionsrepertoire des Organisationsentwicklers über das des Supervisors hinausgeht" (Weigand 1997, S. 6). Damit wird die Organisationsberatung wieder als die umfassendere Tätigkeit anerkannt.

Aber im selben Zusammenhang spricht er aus, worum es bei dem Versuch, die Frage des Verhältnisses von Organisationsberatung und Supervision dennoch mit der Überordnung der Supervision zu beantworten, geht: „Es gibt für mich jedoch keinen überzeugenden Grund, die Organisationsentwicklung am Markt anderen zu überlassen, deren Qualifikation für diesen Bereich oft unter dem Beratungsniveau der Supervision bleibt" (ebd.).

Dies ist nun alles andere als eine theoretische, irgendwie aus der Logik der beiden Beratungsformen abgeleitete Argumentation. Und sie scheint erst vorgenommen zu werden, wenn man fühlt, daß die anderen Versuche, die Autonomie der Supervision gegenüber der Organisationsberatung theoretisch-wissenschaftlich zu legitimieren, keine Überzeugungskraft entfalten. Immerhin kann man in diesem Zusammenhang auf die *äußere Professionalisierung* der Supervision verweisen, die weiter vorangeschritten ist als die der Organisationsberatung: Supervision verfügt im deutschsprachigen Raum über mehr Ausbildungsgänge, mehr Publikationsorgane und mehr Verbände (sogar einen europäischen Dachverband) als die Organisationsberatung, die in dieser Hinsicht ein Professionalisierungsdefizit aufweist.

Damit ist die Katze aus dem Sack und der Organisationsberatung der offene Kampf angesagt: Nicht um die Humanisierung der Arbeitswelt, um die schöneren Ziele der Tätigkeit oder um die besseren Methoden professioneller Tätigkeit geht es, sondern um den Markt.

Fragen zur Ausbildung

Bleiben wir bei der Auffassung, daß Organisationsberatung ein Teil der Supervision sei. Sie bietet ungewollte Nebeneffekte und lustige Paradoxien in der Frage der Ausbildung.

Ein in Organisationen arbeitender Supervisor müßte eine Ausbildung zum Organisationsberater haben. Ohne sie wäre wieder ein Unterschied zwischen beiden Beratungsformen gesetzt. Das Über- und Unterordnungsverhältnis würde sich zugunsten der Organisationsberatung umdrehen. Der Organisationssupervisor wäre so etwas wie ein Schmalspur-Organisationsberater. Fordert man aber eine Ausbildung zum Organisationsberater, so stellen sich eine Reihe von verwirrenden Fragen:

- Würde sich die Organisationssupervision damit nicht qualitativ von den bisherigen Formen der Supervision unterscheiden? Bisher war es zumindest für den Personenbezug in der Supervision nicht nötig, eine Psychotherapieausbildung vorzuweisen. Ebensowenig mußte man für den Teamaspekt ausgebildeter Gruppendynamiker sein. Es sei denn, man konzipierte Supervision als schulbezogene Zusatzausbildung und verzichtete damit auf ihren Anspruch, ein eigener Beruf zu sein.
- Wenn man nun eine Ausbildung zum Organisationsberater verlangt, ist diese Ausbildung identisch mit der allgemeinen Ausbildung zum Supervisor?
- Handelt es sich um eine Basisausbildung, auf der die eigentliche Supervisionsausbildung aufsetzt? Wäre diese dann eine Zusatzausbildung? Wenn ja, wovon? Von einem Teil ihrer selbst?
- Oder ist die Ausbildung zum Organisationsberater eine Zusatzausbildung zur supervisorischen Basisausbildung? Was bedeutet das aber für den hier vorgetragenen Anspruch der Supervision, selbst Organisationsberatung zu sein?

All das sind offene Fragen. Die Realität sieht vorläufig anders aus. Was die Professionalisierung der Organisationssupervision betrifft, bleibt ihr gar nichts anderes übrig, als der Organisationsberatung zu folgen – weil sie auch in diesem Fall über kein eigenes Methodenrepertoire verfügt. Sie folgt der Organisationsberatung mit einiger Verzögerung.

Dies mag seinen Grund darin haben, daß die Professionalisierung der Supervision bis zum Aufkommen der Frage nach der

Supervision in Organisationen bereits fortgeschritten, aber auf Person und Interaktion konzentriert war. Nun sollte sie sich einem Wechsel im dominanten Paradigma methodischen Vorgehens unterziehen. Das ist mit Veränderungswiderstand verbunden.

Wie auch immer man sich zu den aufgeworfenen Fragen und der Annahme stellt, aus der sie folgen, einige Fähigkeiten sind unabhängig von einer künftigen Regelung des Verhältnisses von Organisationsberatung und Supervision für die Arbeit eines Organisationssupervisors notwendig:

- Er muß in der Lage sein, eine angemessene Differentialdiagnose zu stellen. Die Gestaltung des Arbeitsauftrages erfordert die Entscheidung, ob im vorliegenden Fall tatsächlich Supervision oder ein anderes Beratungsinstrument indiziert ist. Um diese Entscheidung treffen zu können, muß der Organisationssupervisor über einen Zugang zu mehreren Instrumenten verfügen. Er muß sie nicht selber beherrschen.
- Er muß in der Lage sein, die Organisationsdimension in seiner Arbeit angemessen zu berücksichtigen.
- Der Supervisor muß fähig sein, in einem umfassenderen Beratungsprojekt, das Ganze im Auge habend, mit anderen Beratern zu kooperieren, d. h., er muß eine komplexere Beratungskonzeption mitentwickeln und mittragen können.

Das alles heißt nicht, daß man auf eine eigene Supervisionsausbildung verzichten könnte. Denn supervisorische Arbeit weist auch dort, wo sie Organisations-Know-how voraussetzt, viele Eigenheiten auf, mit denen sie sich von anderen Instrumenten der Organisationsberatung unterscheidet. Als komplexe professionelle Tätigkeit verlangt sie nach einer eigenständigen Form der Professionalisierung.

3.4.5 Supervision jenseits der Reflexion beruflicher Arbeit

Ich will in der Folge etwas anführen, von dem ich nicht zu sagen weiß, ob es ein Gedankenexperiment ist, ein sophistisches Argument oder eine realistische Perspektive. Was immer es sein mag, es eignet sich dazu, noch einmal zu illustrieren, wie der Supervision immer neue Einsatzfelder zuwachsen. Gleichzeitig legt es nahe, uns mit der Dialektik anzufreunden, in welche die Supervision dabei gerät.

In je mehr gesellschaftlichen Feldern eine Nachfrage nach Supervision entsteht, desto größer wird ihre Unabhängigkeit von nur einem dieser Felder, desto mehr wächst ihre berufliche Eigenständigkeit. In diesem Prozeß, so haben wir vorhin behauptet, läuft sie Gefahr, die soeben vermehrte Eigenständigkeit in einer besonderen Hinsicht wieder einzubüßen. Sie gerät in Abhängigkeit von anderen Professionen.

Das Eigenartige dabei: Dies geschieht nicht deshalb, weil sie etwa im Wettbewerb um Marktanteile im Beratungsgeschäft versucht, expansionslustig in fremde Gebiete einzudringen. Vielmehr ist es die Dynamik, in die diese Gebiete geraten sind, die zur Einladung an die Supervision führt. Folgt sie dieser Einladung und ist darum bemüht, den neuen Raum professionell zu bestellen, so befindet sie sich als Beratungsform plötzlich in einer anderen Profession oder zumindest sehr nahe an einer solchen. Dazu ein weiteres Beispiel.

1. Wir haben im ersten Kapitel (1.4.6) dieser Arbeit festgestellt, daß Professionalisierung auch jenseits des Berufslebens stattfindet. Denn die Entinstitutionalisierung erfaßt auch die privaten sozialen Systeme, hält Einzug in ihre Interaktionen, Prozesse und Strukturen. Damit sind sie mit einer ähnlichen Problematik konfrontiert wie die Systeme beruflichen Handelns. Was bislang auch dort dem Zugriff der beteiligten Personen durch Institutionalisierung entzogen und durch normierte, fraglos geltende Abläufe geregelt war, wird nun zur voraussetzungsvollen Aufgabe (siehe auch 2.6.1).

Solange die traditionellen Institutionen des Privatlebens (Ehe und Familie) intakt waren, war die autonome Gestaltung der privaten Beziehungssysteme nur von untergeordneter Bedeutung. Ihr Bestand war gesellschaftlich und rechtlich weitgehend gesichert (Scheidung, uneheliche Geburt, Single-Dasein waren, wenn überhaupt möglich, ein Makel; von homosexuellen Beziehungen und ähnlichem gar nicht zu reden). Rollen- und Aufgabenverteilung, Verhaltensweisen und -abläufe waren im großen und ganzen institutionell festgelegt. Das mag zwar als Gefängnis oder als Einschränkung erlebt worden sein, hat aber das Überleben der Systeme garantiert, indem es sie relativ unabhängig von der Fähigkeit oder Unfähigkeit ihrer Mitglieder gemacht hat.

Mit der fortschreitenden Auflösung der institutionellen Normierungen wächst die Vielfalt der Möglichkeiten, private Beziehungen zu gestalten. Die Unwahrscheinlichkeit ihres Gelingens hat damit auch exponentiell zugenommen. Denn Zustandekommen, Bestand, Rollen- und Aufgabenverteilung, das Gelingen der internen Abläufe, ihre Modifikation in Beantwortung wechselnder Anforderungen, die immer fordernder aus den relevanten Umwelten kommen – all das hängt in hohem Ausmaß, wenn nicht zur Gänze von der Fähigkeit der Beteiligten ab (Beck 1986; Beck u. Beck-Gernsheim 1990).

2. Diese Fähigkeit kann nicht einfach vorausgesetzt, sie muß erworben werden. Auch im Privaten wird daher so etwas wie „professionelle" Kompetenz mit hoher Reflexionsfähigkeit verlangt. Es bedarf des Erwerbs von methodischem Wissen und darauf basierendem praktischen Know-how zur Gestaltung höchst voraussetzungsreicher, unabgesicherter Beziehungen. Tatsächlich werden allerorten Fortbildungen angeboten, Workshops abgehalten, professionelle Methoden zur Verfügung gestellt, die helfen sollen, die anfallenden Aufgaben besser zu bewältigen (z.B. Moeller 1987). Warum nicht auch Supervision?

Sie könnte auch in diesem Fall eine Methode der Wahl sein. Ihre Arbeitsweise gestattet es, überall wo soziale Systeme einer Professionalisierung zugeführt werden, einen fundierten Beitrag zu leisten zum Erwerb, der Vertiefung, Aufrechterhaltung und Wiederherstellung der Reflexions- und Handlungsfähigkeit. Sie eignet sich daher auch im vorliegenden Kontext zur Reflexion von Interaktionen, Strukturen, Prozessen, Rollen und Identitäten. Es ist vorstellbar, daß sie in Zukunft hier nachgefragt wird.

3. Welche Konsequenzen hätte eine solche Ausweitung für die Supervision als Beratungsform? Hätte sie damit nicht ihren Gegenstand gänzlich preisgegeben? Private Beziehungen haben schließlich nichts mit beruflicher Arbeit zu tun.

Nun sind private Beziehungen zwar dadurch definiert, daß sie keine spezifischen Rollenbeziehungen darstellen, die der Erledigung beruflicher Arbeit dienen. Aber sie sind durch den skizzierten gesellschaftlichen Prozeß der Entinstitutionalisierung insofern zur Arbeit geworden, als ihr Gelingen auf professionelle „Maßnahmen" angewiesen ist.

Wenn private Beziehungen sich einem Prozeß der Professionalisierung unterziehen, so geht es nicht um ihre Verwandlung in berufliche Arbeitsbeziehungen. Es geht darum, einer Entwicklung gerecht zu werden, in deren Verlauf sie zu ihrem unwahrscheinlichen Gelingen der Fähigkeiten bedürfen, deren Erwerb und Einsatz Lern- und Reflexionsprozesse nötig machen.

Anders gesagt: Berufliche Arbeit ist nur mehr eine unter vielen Arten von Arbeit, die der Professionalisierung unterliegen. Es ist nicht der Aspekt der Beruflichkeit, der es rechtfertigt, sie der Supervision zu unterziehen, sondern der Apekt der Arbeit.

Wenn wir also auch im vorliegenden Zusammenhang an den Einsatz von Supervision denken, so brauchen wir nicht die Vorstellung aufzugeben, die uns bisher geleitet hat, daß nämlich die Supervision einzig durch ihren Gegenstand definiert ist. Aber wir müssen die Frage neu stellen, was diesen Gegenstand ausmacht.

Berufliche Tätigkeit hat als Definition des Gegenstands der Supervision zu einer Zeit gereicht, da es ausschließlich die berufliche Tätigkeit war, welche sich der Professionalisierung unterzog. Das trifft heute nicht mehr zu. *Daher könnte man erwägen, den Gegenstand der Supervision neu zu definieren: Statt beruflicher Arbeit kann man jede Tätigkeit setzen, die dadurch zur Arbeit wird, daß sie einer Professionalisierung unterliegt. Die Professionalisierung jeder Interaktion, auch wenn sich diese nicht als berufliche Arbeit definiert, rechtfertigt den Einsatz von Supervision als Reflexionshilfe, die den Erwerb der nötigen reflexiven Kompetenz unterstützt* (1.4.6).

(Das ist ohnehin immer geschehen, ohne daß aufgefallen wäre, was man hinsichtlich der Professionalisierungsdebatte damit tut. Schließlich würde im Falle der Supervision ehrenamtlicher Tätigkeit niemand die Legitimität supervisorischer Arbeit in Frage stellen, obwohl auch hier nicht von beruflicher Arbeit im traditionellen Sinn gesprochen wird.

Dennoch steht ehrenamtliche Tätigkeit der beruflichen Arbeit im traditionellen Sinne näher als privaten Beziehungen. Auch wenn diese sich einem Professionalisierungsprozeß unterziehen, so besteht ihnen gegenüber eine größere Hemmschwelle, ihn als solchen zu benennen. Irrationalerweise befürchtet man, daß sich das Privatleben mit der Professionalisierung seiner wichtigen Momente überhaupt verflüchtigt, anstatt wahrzunehmen, daß heute eher das Gegenteil zutrifft. Dieses Vorurteil hängt mit der üblichen Gleichsetzung von Professionalisierung mit Profession zusammen, wie es möglicherweise auch der Diskussion um die Supervision zugrunde liegt.)

Es könnte sein, daß der soeben gemachte Vorschlag, den Gegenstand der Supervision neu zu definieren, versucht, eine bereits eingetretene Entwicklung nachzuvollziehen. Private Beziehungen („Beziehungsarbeit") könnten dann, genauso wie jede andere Tätigkeit, in dem Ausmaß zum Gegenstand der Supervision werden, wie sie einer Professionalisierung unterzogen werden.

4. Nehmen wir an, eine solche Neudefinition der Supervision käme zustande und sie könnte sich in einem neuen, interessanten Feld etablieren. Es würde ihrer Bemühung, einen eigenen Beruf abzugeben, nicht nützen. Denn sie wäre mit diesem Erfolg – gerade hinsichtlich des gewählten Beispiels der Beziehungsarbeit – in ein ähnliches, wenn nicht in ein ärgeres Dilemma geraten wie im Fall der Organisationssupervision.

Wäre noch feststellbar, wodurch sich die Tätigkeit des Supervisors von der eines Paarberaters unterscheidet?

Natürlich kann man vorbringen, daß es der Supervision (mehr) um den Erwerb der reflexiven Kompetenz geht, private Interaktionen zu steuern, daß sie einer Professionalisierung der entsprechenden Fähigkeiten dient. Daß sich die Paarberatung und -therapie hingegen (mehr) auf die Bearbeitung und Lösung von Problemen gestörter Interaktion beschränkt. Aber würde dieses vielleicht mögliche Argument ausreichen zu einer Differenzierung? Wäre damit nicht bloß die Richtung bezeichnet, aus der die beiden Beratungsformen kommen, ohne sich nun mehr voneinander zu unterscheiden?

Selbst wenn wir die genannte Unterscheidung gelten lassen und eine solche Ausweitung der Supervision in Erwägung ziehen, wie wir sie hier skizziert haben – auch sie wäre nicht dazu angetan, Supervision als eigenen Beruf zu begründen. Im Gegenteil, obwohl die Supervision ein weiteres Arbeitsgebiet erobert hätte, so wäre sie im vorliegenden Fall als hochqualifiziertes, eigenständiges Instrument der Paarberatung anzusehen. Das würde nicht daran liegen, daß sie sich ihres Methodenrepertoires bedienen würde. Das wäre, wie überall, so auch hier ihr gutes Recht. Es würde vielmehr daran liegen, daß sie ihren neuen Gegenstand, die Beziehungsarbeit, mit der Paarberatung teilt. Supervision würde sich bloß durch ihre Indikation unterscheiden. Nicht Defizitbehebung, sondern Ressourcenvermehrung im Sinne der Reflexions- und Steuerungskompetenz wäre ihre Aufgabe.

Dieser Unterschied würde zwar nicht zur Legitimation der Supervision als eigenen Berufs ausreichen. Aber er würde – wegen des supervisionsspezifischen und nicht therapeutischen Einsatzes der paar- und familientherapeutischen Methoden – eine eigenständige Professionalisierung des Instruments Supervision im Rahmen der zugrundeliegenden Profession verlangen und rechtfertigen.

3.5 Die Dialektik von Autonomie und Abhängigkeit oder: Organisation und Vernetzung statt Vergötzung und Konkurrenz der Professionen

1. Supervision ist eine Tätigkeit, die man in mehrfacher Hinsicht als eine professionelle Antwort auf die Komplexität unserer Gesellschaft verstehen kann. Einmal akzentuiert ihr Arbeitsschwerpunkt eine Veränderung in vielen gesellschaftlich relevanten Tätigkeiten. Sie weist auf die allgemeine Zunahme von Reflexivität hin. Supervision steht im Zeichen dieser Reflexivität. Sie dient nicht nur der Behebung von Arbeitsstörungen, sondern auch der Integration von Reflexion in die Arbeit. Supervision unterstützt die Professionalisierung reflexiver Kompetenz. Sie trägt dazu bei, Reflexivität als Moment aller professionellen Tätigkeiten, die heute im weitesten Sinn Arbeit genannt werden, zu verstehen und zu akzeptieren (siehe 3.4.1). Insofern steht sie im Dienste einer Entwicklung, die in ihrer Richtung unaufhaltsam, in der Verankerung ihrer Bedingungen aber alles andere als abgesichert und weit davon entfernt ist, abgeschlossen zu sein.

2. Aber die Supervision stellt noch in einer anderen Hinsicht eine Antwort auf die Komplexität unserer Gesellschaft dar. In ihrer eigenartigen Stellung als Profession repräsentiert sie einen Paradigmenwechsel in der Dynamik gesellschaftlicher Prozesse. Sie kann als besonderes Beispiel für die *Ablösung der Profession als Leitform gesellschaftlicher Ordnung durch die Organisation* gesehen werden (1.4.3).

Offensichtlich vollzieht sich ein solcher Wechsel immer unter entsprechendem Widerstand gegen die Veränderungszumutung.

Die ersten Anzeichen des Wechsels werden mit einer Verstärkung des bisher geltenden Vorgehens beantwortet. Auch dafür liefert die Professionalisierungsdiskussion in der Supervision ein Beispiel. Wie das so üblich ist, wenn die herkömmliche Autonomie einer professionellen Tätigkeit durch Weiterentwicklung an ihre Grenze stößt, hat auch die Supervision den Status quo auf eine Art verteidigt, die wohl ahnen läßt, daß er vorbei ist. Sie hat den Versuch unternommen, die angestrebte Position professioneller Autonomie als realisiert darzustellen. Meistens zeichnen sich derartige Absicherungsbemühungen in einer Zeit des Paradigmenwechsels durch ihre Beschleunigung und Hektik aus. Das mag der Grund sein für die Diskrepanz zwischen vorauseilender Absicherung der Supervision durch äußere Zeichen der Professionalisierung und zurückbleibender innerer Professionalisierung (siehe 3.1.2).

Die Besonderheit der Professionalität der Supervision, die mit ihrer Entwicklung zunehmende Dialektik von Autonomie und Abhängigkeit wird aber nur dann zum unlösbaren Problem, wenn es nicht gelingt, sie als Hinweis auf diesen Wechsel von der Profession zur Organisation zu sehen. Dabei macht es die Supervision leicht, ihn zu sehen:

Was ihre Methoden betrifft, war sie immer schon mit anderen Professionen vernetzt, ohne deshalb als Ganzes abhängig oder ein Teil von ihnen zu sein. Denn ihr Gegenstand, den sie nicht teilte, machte ihre Besonderheit aus. Das hat zwar auch immer schon zu Fragen nach ihrer Autonomie als Beratungsform geführt – wie die im ersten Kapitel (1.1) zitierte Feststellung Weigands zur Methodenabhängigkeit der Supervision erkennen läßt: Zum Bedauern mancher Supervisoren bedeutet diese Methodenabhängigkeit einen Verzicht auf Statussymbole, die sonst mit einer Profession verbunden sind und die ein gewisses Ausmaß an professioneller Sicherheit geben. Aber die Methodenabhängigkeit erscheint nicht ausreichend bedrohlich, um die Supervision zu veranlassen, an der Entwicklung eines eigenen supervisionsspezifischen Methodenrepertoires zu arbeiten. (Dennoch hat sie dazu verführt, Antworten auf diese Fragen zu finden, die der traditionellen Logik der Professionalisierung folgten. So ist im selben Zitat davon die Rede, daß die Supervisoren aufgrund ihrer beruflichen Erfahrung, Vorbildung, Kompetenzen und persönlichen Interessen doch ihre *eigene Methodik* entwickeln.)

Mit der Entwicklung der Organisationssupervision nahm dann die einschneidendste Veränderung der Supervision – mit fragwürdigen Auswirkungen auf ihr professionelles Selbstverständnis – ihren Verlauf. Gerade die Organisationssupervision hatte in der traditionellen Professionslogik hoffen lassen, daß die Supervision nun ein eigener Beruf wäre. Gerade diese Entwicklung führt zum Verlust der Exklusivität ihres Gegenstandes, den sie nun mit der Organisationsberatung teilt.

Versucht man, auf diese Herausforderung im Rahmen der traditionellen Logik der Professionalisierung zu reagieren, so verstrickt man sich in alle die Ungereimtheiten, die ich versucht habe zu beleuchten. Es muß dann darum gehen, die Dialektik von Autonomie und Abhängigkeit in die eine oder die andere Richtung aufzulösen. Die Supervision neigt dazu, eine Auflösung in Richtung Autonomie vorzunehmen, und verleugnet dabei die entstandene, nun auch den Gegenstand betreffende Abhängigkeit. Die Organisationsberatung wird der Supervision ebensowenig gerecht, wenn sie versucht, ein Über-/Unterordnungsverhältnis zwischen den Beratungsformen herzustellen.

Man kann es als zukunftsweisende Schwäche der Supervision empfinden, daß sie nicht in der Lage ist, sich in der herkömmlichen Weise der Professionen zu bewähren und zu profilieren. Sie kann den Kampf gegenüber anderen Formen der Beratung nicht gewinnen. Sie hat nur eine Chance, sich als Profession auszuzeichnen, wenn sie sorgfältig um die Organisation der Kommunkation und Kooperation mit den für sie relevanten anderen Professionen bemüht ist, *wenn sie also auf Organisation statt auf Profession setzt.*

Sieht man die Besonderheit der Professionalität der Supervision unter diesem Gesichtspunkt, dann hört sie auf, das unlösbare Problem zu sein, als das sie sich uns dargestellt hat. Sie wird vielmehr wirklich zum Hinweis auf diesen Paradigmenwechsel. Die Dialektik von Autonomie und Abhängigkeit, die sich in der Supervision mit jeder weiteren Entwicklung verdichtet, erscheint dann nicht mehr als Gefahr, der man kämpferisch begegnen muß. Sie kann als Zeichen dafür genommen werden, daß sich die Supervision als Profession am Pulsschlag der gesellschaftlichen Veränderung befindet, die etwas ankündigt, dem gegenüber die überkommenen Vorstellungen von professioneller Autonomie ihre zentrale Bedeutung einbüßen.

Die Dialektik von Autonomie und Abhängigkeit erhält einen Sinn, den man zerstört, wenn man versucht, in welche Richtung auch immer, sie aufzulösen. Die Weiterentwicklung einer professionellen Tätigkeit zeigt uns, was die dialektische Gleichzeitgkeit von Autonomie und Abhängigkeit, recht verstanden, heute heißt: *Vernetzung und Organisation interdependent gewordener professioneller Handungssysteme.*

Um die Eigenständigkeit der Supervision braucht man sich dabei keine Sorgen zu machen. Sie hat sich als ein professionelles, in sich differenziertes und sich weiterhin differenzierendes Instrument etabliert. (Bei der wachsenden Vielfalt ihres Einsatzes in höchst unterschiedlichen Feldern ist sogar mit einer supervisionsinternen Spezialisierung zu rechnen. Diese würde es übrigens mit sich bringen, daß nicht jede Supervisionsausbildung zur supervisorischen Arbeit in allen Anwendungsgebieten qualifiziert – was ohnehin schon immer geübte Praxis war, ohne daß es in der Professionalisierungsdebatte jemals zum Problem geworden wäre: Ein Lehrtherapeut, der Fallsupervision im Rahmen der entsprechenden Ausbildung gibt, ist deshalb noch nicht automatisch qualifiziert, Supervision in der Abteilung einer Organisation zu geben. Ein Spezialist der Organisationssupervision ist nicht eo ipso schon qualifiziert, Fallsupervision für Lehrer oder für Kandidaten einer Psychotherapieausbildung zu geben.)

Supervision hat als dieses professionelle Instrument eine nicht mehr wegzudenkende gesellschaftliche Aufgabe zu erfüllen: die Selbstreflexion beruflicher, vielleicht allgemein aller Tätigkeit, die sich einer Professionalisierung unterziehen muß, zu unterstützen. (Wir wissen schon, daß es bescheidener klingt, als es ist, wenn man Supervision als professionelle Reflexionshilfe bezeichnet; siehe 1.3. Denn die Reflexivität stellt zwar den Normalfall vieler beruflicher Arbeit dar, ist andererseits weit davon entfernt, integrierter Bestand und tägliche Routine zu sein. Je nach Tätigkeitsbereich bedarf diese Reflexivität sowohl eines besonderen Lernprozesses als auch eines geschützten Raums im beruflichen Alltag.)

3. Die reflexiven oder reflexiv gewordenen Tätigkeiten werden aus zwei Gründen immer störanfälliger:

Erstens sind sie sogar mit gut integrierter Reflexion nur bedingt routinisierbar und mittels trivialer Regeln oder institutionalisierter

Abläufe gesichert. Sie sind darauf angewiesen, daß die situative Gestaltung des individuellen Arbeitsprozesses jedesmal erfolgreich ist. Eine unwahrscheinliche Sache.

Zweitens ist die Reflexion, die sie bräuchten, um diesem Aspekt der Störanfälligkeit zu begegnen, selbst ein schwer zu beherrschendes Geschäft. Da es uns widerspricht, sie als Bedingung alltäglicher Interaktion in Arbeit und Privatleben systematisch zu entfalten (zu professionalisieren), ist sie meist nicht gut integriert. Was noch schlimmer ist, sie unterliegt selbst der Störanfälligkeit, deren Bewältigung sie dient.

Wegen der Zunahme ihrer generellen Störanfälligkeit bedürfen die reflexiv gewordenen Tätigkeiten immer mehr der Beratung (im Psychischen, in der privaten Interaktion, in der Arbeit, in den Organisationen). Zur professionellen Bewältigung der Störanfälligkeit haben sich verschiedene Beratungs- und Therapieformen entwikkelt. Die Supervision hingegen dient heute eher der Entwicklung, Entfaltung und Absicherung der Ressource Reflexion als der Lokalisierung und Behebung von Störungen und Defiziten mittels Reflexion.

Aber die Spannung von Störanfälligkeit einerseits und Reflexion als Ressource andererseits und die steigende Komplexität der Beratungsanliegen verlangen nach Kooperation zwischen Supervision und benachbarten Beratungsformen: Sei es zur differentialdiagnostischen Abklärung der Indikation des Beratungsbedarfs (also zur Klärung der Frage, ob das Klientenbegehren den Einsatz von Psychotherapie, Organisationsberatung, Training und Fortbildung der verschiedensten Art, sonst einer Beratungsform oder eben der Supervision rechtfertigt); sei es auch, daß die Kooperation deshalb angesagt ist, weil eine genauere Analyse des Klientenbegehrens den Einsatz mehrerer Beratungsformen als sinnvoll erscheinen läßt. Ein solcher abgestufter Einsatz bedarf immer häufiger der *Gestaltung der Beratung als Projekt,* in dem die Beratungsformen in laufender Abstimmung miteinander arbeiten.

Einzelarbeit mit einer Methode gehört tendenziell der Vergangenheit an. Ehemals Zeichen für Professionalität, läuft sie heute Gefahr, trotz einwandfreier Beherrschung der Methode, unprofessionell zu werden. Die Fähigkeit, komplexe, multimethodische Kooperationen zu organisieren, hat sie an Bedeutung überlagert. Professionelle Autonomie ist dabei, sich in Richtung der autonomen

Organisation von wechselseitigen Abhängigkeiten zwischen den Professionen zu entwickeln.

4. Aber auch wenn wir uns dazu verstehen, in der Dialektik von Autonomie und Abhängigkeit weniger einen Makel (im Sinne des Verlusts von Eigenständigkeit) zu sehen als vielmehr ein zukunftsweisendes Merkmal; auch wenn wir uns zur Vernetzung und Organisation interdependent gewordener professioneller Handungssysteme bekennen – sie muß in die Tat umgesetzt werden. Das kann nur in Selbstorganisation der Beteiligten geschehen. Und es verlangt radikal neue Fähigkeiten und Haltungen, die den Tugenden herkömmlicher Professionalität widersprechen und weder gesellschaftlich noch psychisch gut verankert sind.

- Bislang ist der Kontakt zwischen den Professionen getragen oder wenigstens begleitet von einer Tendenz, sich in Konkurrenz gegeneinander abzugrenzen. Es wird als Stärke erlebt, wenn es gelingt, die eigenen Besitzstände mittels mächtiger Standesvertretungen gegen Eindringlinge und Übergriffe abzusichern. Was ehemals bloß Konkurrenten (den Markt und vielleicht auch das Prestige betreffend) waren, werden nun gleichzeitig unverzichtbare Kooperationspartner, welche füreinander die Garanten der jeweils eigenen Professionalität abgeben.
- Ob man professionell handelt oder nicht, wird künftighin nicht nur vom korrekten Vorgehen innerhalb der Grenzen der eigenen Profession abhängen, sondern vom professionellen Umgang mit ihren relevanten Umwelten. Der Schwerpunkt der Professionalität wird auf eine andere Ebene verlegt. Es wird in Zukunft um eine professionelle Eigenständigkeit gehen, die a priori durch vielfältige Vernetzungen mit anderen, in gleicher Weise eigenständigen, ebenso hochqualifizierten Tätigkeiten definiert ist.
- Schon heute verlangt die Komplexität der meisten reflexiv zu bewältigenden Aufgaben beruflicher Arbeit die fächerübergreifende Kooperation Professioneller in Organisationen. Die Zunahme dieser Tendenz ist anzunehmen. Es wird der Organisation der Kooperationen auch in der Supervision bedürfen. Und mit dem deutlichen Hervortreten des Prinzips der Organisation wird die Frage, ob es sich um einen eigenen Beruf oder eine professionelle Funktion handelt, in den Hintergrund treten.

- Die Frage der schul-, methoden-, fächer-, disziplinübergreifenden Kooperation stellt sich allerorten, läßt sich aber deshalb nirgends angemessen beantworten, weil sie der inneren Logik herkömmlicher Professionalisierung widerspricht. Herkömmliche Professionalisierung heißt schließlich

  - Entwicklung eines durch Wissen und Methoden gekennzeichneten Systems der Beantwortung relevanter gesellschaftlicher Fragen,
  - Entwicklung einer eigenen Sprache,
  - Entwicklung einer eigenen Vorstellung von Wahrheit,
  - Entwicklung eines methodenimmanenten Systems der Beurteilung des eigenen Vorgehens und ähnliches mehr.

- Aber was tun, wenn die Problemausschnitte, die eine spezielle Disziplin bewältigt, zu klein geworden sind, als daß sie ein im Feld auftretendes Gesamtproblem adäquat erfassen können? Wenn es darüber hinaus die übergeordnete Gesamtschau nicht mehr gibt, weil keine Disziplin vorhanden ist, die sie vertritt? Jeder einzelnen Disziplin geraten die Gesamtprobleme, die sich in der Realität doch immer wieder stellen, aus dem Blick. Sie sind nur mehr durch das Anvisieren einer Kooperation der Disziplinen faßbar.
- Dazu wiederum gibt es keine professionellen Methoden. Denn solche Kooperation würde ja gerade heißen, die eigene Disziplin von innerhalb auch relativieren zu können, damit Kommunikation über ihre Grenzen hinaus möglich wäre. Es würde bedeuten, ihren Wahrheitsanspruch von innen aufzugeben und anderes mehr.
- Selbst wenn diese Haltungen erlernbar wären, es besteht keine Sprache, in der man sich miteinander über die Professionsgrenzen hinweg professionell verständigen könnte. Mit der Notwendigkeit solcher Verständigung verliert Professionalität ihren dominanten Stellenwert, bleibt aber gleichzeitig unhintergehbare Voraussetzung und Bedingung solcher Verständigung.

Die Supervision eignet sich für die Erfüllung dieser Aufgabe in besonderer Weise. Denn sowohl von ihren Methoden als auch neuerdings von ihrem Gegenstand her ist sie immer schon mit anderen, wenn man will, sogar konkurrierenden Beratungsformen auf das intimste verbunden. Das erscheint heute als Kapital, das es reflexiv zu nutzen gilt.

Außerdem stellt Reflexion der Arbeit und Zusammenarbeit auf allen Ebenen, auf denen fach- und disziplinübergreifende Kooperation Fragen aufwirft, ihre hauseigene Aufgabe dar. Person, Interaktion und Organisation unter dem Aspekt gemeinsamer Arbeit der Reflexion zuzuführen ist der „Beruf" der Supervision. Und die Selbstanwendung dessen, was sie für andere professionelle Tätigkeiten tut, ist weder verboten, noch stellt es eine unmögliche Forderung dar. Im Gegenteil, erst in dieser Selbstanwendung stimmt das, was die Supervision mit anderen tut, überein mit dem, was sie mit sich selbst tut. Sie könnte damit ein Beispiel für den Paradigmenwechsel von der Profession zur Organisation abgeben.

5. Die Sorge um den Markt halte ich bei der heutigen Entwicklung der Nachfrage nach Supervision für unangemessen. Sie ist als eine Folge der Unsicherheit verständlich, die aus der oben beschriebenen Diskrepanz zwischen äußerer und innerer Professionalisierung der Supervision entspringt.

Allerdings gibt es Wege, diese Sorge, wenn sie schon einmal da ist, so zu pflegen, daß sie gedeiht. Ich glaube, daß der Kampf um den Markt, in Konkurrenz und nicht als Entwicklung von Kooperation (etwa mit der Organisationsberatung) geführt, einen solchen Weg darstellt.

Meine Argumentation sollte die Überzeugung zum Ausdruck bringen, daß eine solche Konkurrenz nicht zielführend ist. Denn auch sie scheint aus der Diskrepanz zwischen äußerer Anerkennung und innerer Professionalisierung geführt zu werden und schon deshalb nicht erfolgversprechend zu sein.

Zu befürchten ist, daß man mit solchen Kampfansagen zu etwas beiträgt, wovor Schwendter vor der Gründung der Deutschen Gesellschaft für Supervision (DGSv) gewarnt hat: Man leistet einer Entwicklung Vorschub, die aus dem Berufsverband – der sich um Absicherung von Qualitätsstandards, Weiterentwicklung der Beratungsform, internen Austausch und nun auch externe Kooperationen bemühen soll – eine Standesvertretung macht, die Monopole verwaltet, Besitzstände anhäuft und verteidigt (Schwendter 1987, S. 52).

Sinnvoller wäre es, wenn der Berufsverband Vorreiterrolle für die genannte Aufgabe übernehmen würde, der die meisten von uns praktisch hilflos gegenüberstehen: der organisierten professionellen Kooperation der Supervision mit benachbarten beruflichen Tätigkeiten den Boden zu bereiten. Supervision stellt eine der wenigen Tätigkeiten dar, die dafür die günstigsten Voraussetzungen mitbringt.

Nach dem Pathos noch ein kleiner Befund: Lediglich sieben Prozent von 777 befragten Personen (welch magische Zahl!) erzielen ihr Erwerbseinkommen ausschließlich durch Supervision (Fellermann 1996). Und die meisten Supervisoren haben auf ihrem Türschild und auf ihrer Visitenkarte Supervision immer in Kombination mit einer anderen professionellen Tätigkeit angegeben, z. B. Supervision und Psychotherapie, Supervision und Training, Supervision und Organisationsberatung. Letzteres findet sich immer häufiger. Und immer öfter verbirgt sich hinter einem solchen anspruchsvollen Türschild nicht eine Person, die das alles abdeckt, sondern eine kleine, flexible, multiprofessionell zusammengesetzte Organisation, die übrigens (oh wundersame Brotvermehrung) selbst sehr supervisionsanfällig ist – und sich damit doppelt treu bleibt und Konkurrenz macht.

Literatur

Ahrendt, H. (1981): Vita activa oder Vom tätigen Leben. München (Piper).

Beck, U. (1986): Die Risikogesellschaft. Auf dem Weg in eine andere Moderne. Frankfurt a. M. (Suhrkamp).

Beck, U. u. E. Beck-Gernsheim (1990): Das ganz normale Chaos der Liebe. Frankfurt a. M. (Suhrkamp).

Belardi, N. (1992): Supervision. Von der Praxisberatung zur Organisationsentwicklung. Paderborn (Junfermann).

Buchinger, K. (1992): Ist Supervision Organisationsberatung? In: R. Wimmer (Hrsg.): Organisationsberatung. Wiesbaden (Gabler).

Buchinger, K. (1994): Balancing – ein ausbaufähiges Konzept. *Hernsteiner* 2.

Buchinger, K. (1998a): Organisation und die „Expertise des Nicht-Wissens". In: V. Dalheimer, E. Krainz u. M. Oswald (Hrsg.): Change Management auf Biegen und Brechen. Wiesbaden (Gabler).

Buchinger, K. (1998b): Supervision in Organisationen. (2. Aufl.) Heidelberg (Carl-Auer-Systeme).

Combe, A. u. W. Helsper (Hrsg.) (1996): Pädagogische Professionalität. Untersuchungen zum Typus pädagogischen Handelns. Frankfurt a. M. (Suhrkamp).

Cremerius, J. (1994): Kritische Überlegungen zur Supervision in der institutionalisierten psychoanalytischen Ausbildung. In: H. Pühl (Hrsg): Handbuch der Supervision. Berlin (Marhold), S. 419 ff.

Descartes, R. (1959): Meditationen. Hrsg. v. L. Gäbe. Hamburg (Meiner).

Deutscher, E. u. S. Jamnig (1997): Supervision als Profession. In: I. Luif (Hrsg.): Supervision. Wien (Orac), S. 108 ff.

Deutsche Gesellschaft für Supervision (Hrsg.): *DGSv aktuell* 1997 (4).

Edding, C. (1985): Supervision ñ Teamberatung ñ Organisationsentwicklung. Ist denn wirklich alles dasselbe? *Supervision* 7: 9 ff.

Elias, N. (1987): Die Gesellschaft der Individuen. Berlin (Suhrkamp).

Fatzer, G. (1990): Teamsupervision als Organisationsentwicklung. In: G. Fatzer u. Chr. Eck (Hrsg.): Supervision und Beratung. Köln (Edition Humanistische Psychologie), S. 257 ff.

Fellermann, J. (1996): Zum neuesten Stand der Dinge ... *Supervision* 29: 93–103.

Fisch, R. u. M. Boos (1990): Vom Umgang mit Komplexität in Organisationen. Konstanz (Universitätsverlag).

Gergen, K. J. (1996): Das übersättigte Selbst. Heidelberg (Carl-Auer-Systeme).

Giesecke, M. u. K. Rappe-Giesecke (1997): Supervision als Medium kommunikativer Sozialforschung. Frankfurt a. M. (Suhrkamp).

Goebel, J. u. Chr. Clermont (1997): Die Tugend der Orientierungslosigkeit. Berlin (Volk und Welt).

Gotthardt-Lorenz, A. (1997): Der Faktor Beruf in der Supervision. *Supervision* 31: 32 ff.

Gross, P. (1994): Die Multioptionsgesellschaft. Frankfurt a. M. (Suhrkamp).

Großmann, R. u. C. Scala (1997): Supervision in Organisationen. Wien (Juventa).

Hernsteiner „Arbeit der Zukunft – Zukunft der Arbeit", (1996): 9 (1).

Leuschner, G. (1983): Der freiberufliche Supervisor. *Supervision* 3: 65 ff.

Linster, H. W. u. P. Panagiotopoulos (1994): Supervision in der klientenzentrierten Psychotherapieausbildung. In: H. Pühl (Hrsg.): Handbuch der Supervision. Berlin (Marhold), S. 432 ff.

Luhmann, N. (1984): Soziale Systeme. Frankfurt a. M. (Suhrkamp).

Luhmann, N. (1986): Ökologische Kommunikation. Opladen (Westdeutscher Verlag).

Moeller, L. M. (1987): Die Wahrheit beginnt zu zweit. Berlin (Rowohlt).

Ortmann, F. (1997): Ökonomisierung der personenbezogenen Dienstleistungsverwaltung? In: Grimmer, K. u. L. Stabik/Forschungsgruppe Verwaltungsautomation (Hrsg.) (1997): Staat und Verwaltung 2021. Kassel, S. 61–68.

Pühl, H. (Hrsg.) (1994a): Handbuch der Supervision. Berlin (Marhold).

Pühl, H. (1994b): Supervision in der (Fach-)Hochschulausbildung. In: H. Pühl (Hrsg.): Handbuch der Supervision. Berlin (Marhold), S. 406 ff.
Schwarz, G. (1995): Konfliktmanagement. (2. Aufl.) Wiesbaden (Gabler).
Schwarz, G. (1996): Utopien der Arbeit. *Hernsteiner* 9 (1): 9–14.
Schwendter, R. (1987): Zum Für und Wider die Professionalisierung von Supervision. *Supervision* 11: 37 ff.
Senge (1996): Die fünfte Disziplin. Kunst und Praxis der lernenden Organisation. Stuttgart (Klett-Cotta).
Stichweh, R. (1996): Professionen in einer funktional differenzierten Gesellschaft. In: Combe, A. u. W. Helsper (Hrsg.): Pädagogische Professionalität. Untersuchungen zum Typus pädagogischen Handelns. Frankfurt a. M. (Suhrkamp), S. 49–69.
Tilmanns, A. (1994): Supervision in der Verhaltenstherapieausbildung. In: H. Pühl (Hrsg): Handbuch der Supervision. Berlin (Marhold), S. 447 ff.
Weber, M. (1972): Die protestantische Ethik und der Geist der Kapitalismus. In: M. Weber: Die protestantische Ethik. I: Eine Aufsatzsammlung. Gütersloh (Mohn).
Weigand, W. (1985): Des Supervisors Gang in die Organisation. In: *Supervision* 7: 1 ff.
Weigand, W. (1987): Zur beruflichen Identität der Supervision. In: *Supervision* 11: 31 ff.
Weigand, W. (1990): Die Analyse des Auftrags in der Teamsupervision und in der Organisationsberatung. In: G. Fatzer u. Chr. Eck (Hrsg.): Supervision und Beratung. Köln (Edition Humanistische Psychologie), S. 31 ff.
Weigand, W. (1994): Teamsupervision: Ein Grenzgang zwischen Supervision und Organisationsberatung. In: H. Pühl (Hrsg): Handbuch der Supervision. Berlin (Marhold), S. 112 ff.
Weigand, W. (1997): Der Supervisor zwischen Selbstdefinifition und Markterwartungen. In: *DGSv aktuell* 4: 3–6.
Welsch, W. (1991): Unsere postmoderne Moderne. (3. Aufl.) Weinheim (Acta Humaniora).
Wimmer, R. (1998): Das Team als besonderer Leistungsträger in komplexen Organisationen. In: H. W. Ahlmeyer u. R. Königswieser (Hrsg.): Komplexität managen. Strategien, Konzepte, Fallbeispiele. Wiesbaden (Gabler).

Über den Autor

Dr. Kurt Buchinger ist Professor und Leiter der Organisationseinheit Supervision und Organisationsberatung an der Universität Kassel. Er ist international tätiger systemischer Organisationsberater, Supervisor und Psychoanalytiker.